C'EST QUI DEMAIN ?

Tumultes ordinaires en éducation spécialisée

Ingrid Romane

SOMMAIRE

AVANT - PROPOS

Plongez au cœur des tumultes d'un quotidien
presque ordinaire.

Éducatrice passionnée je puise ma force et ma détermination dans les rencontres qui forgent mon quotidien. J'exorcise mes émotions par des mots lancés sur papier. Je mets un point final à figer ces instants dérobés. Je défends mon métier à l'aide de ma plume pour apporter une vérité sur ces moments partagés dans ce milieu si fermé.

J'ai appris à l'école, me suis éduquée sur le terrain et compris
dans leurs yeux.
J'ai cherché des réponses, trouvé des solutions, questionné
ma pratique, forgé mon éthique, à leur côté.

Mon but au travers de ces pages n'est pas de dénoncer.
Seulement de raconter les banalités de notre quotidien d'éducateurs parachutés dans un monde bien mouvementé où l'incohérence est permanente, la justice approximative, la violence sous-jacente, la débrouille ordinaire.

Ce milieu suscite la curiosité, titille les consciences, appelle aux divergences. Avec le temps je me suis rendu compte que

cet univers côtoyait le vrai monde se tapissant dans l'ombre,
bien caché par une complexité que personne ne veut vraiment
approcher. Il reste un mystère pour bien des personnes qui ne
veulent finalement pas trop en savoir tant ce monde les dérange.

Entendre parler de mort, de viol, de dépendance, de violence,
d'abandon, de complots, de folie, de sévices, n'est pas séduisant,
mais notre métier va bien au-delà. Il est un univers rempli d'espoir, de rêve, d'ambition, de petits riens qui forment le tout.

Ils sont là, nous sommes là, vous êtes parmi
nous, nous sommes avec vous.

Dans ce monde effrayant de l'enfance en danger, du handicap,
de la précarité, de la différence, de la rue, n'oublions pas qu'il
y a de multiples parcours, de grandes histoires et des êtres
simples, ordinaires et sensibles.

Mon intention est d'immortaliser la rencontre,
quand tout commence pour eux et nous.
Cette réalité, j'ai choisi de la raconter en m'appuyant sur des
instants vécus avec ces autres que j'ai un jour croisés. Par ces
mots posés là j'aborde des situations qui nous ont bouleversés,
j'évoque mon évolution d'éducatrice qui a, elle aussi, été impactée par ces rencontres percutantes.

Vous l'aurez compris, c'est une histoire sans
fin au début bien souvent insensé.

Prenez ces quelques pages sans retouches, ni romance.
Merci de m'accorder, du temps, de l'intérêt.
Merci de leur donner, un regard, une pensée.
Juste un simple merci pour votre bienveillance.

À toi cher collègue,
À toi l'étudiant,
À toi l'initié,
À toi passé là,
À vous ces autres de ce monde,
À vous ces autres de mon livre.

* * *

MAL À MAMAN

Personne ne saurait dire s'il est candide, s'il est dans le déni ou s'il est résilient.

Une chose est sûre c'est que son histoire, terrible, déchirante et tristement dramatique, ne se lit pas sur son visage.

Il est un petit garçon souriant, gai, curieux, malicieux. Sa fragilité est bien là mais se traduit par tant de détails qu'elle en devient imperceptible. Il se positionne souvent au sein de ses pairs comme bouc émissaire, il reçoit des pluies d'insultes, des qualificatifs offensants. Il est souvent jugé sur son physique, son attitude, son vocabulaire et ses raisonnements. Au premier abord il mise sur son jeune âge pour amadouer et susciter des réactions conciliantes, attirer l'intérêt.

Finalement ce comportement naïf et hébété répond à la victi-

misation dans laquelle les adultes l'enferment. En s'infantili-
sant, il nourrit son assistanat et sa fébrilité qui est aux antipodes de ses capacités intrinsèques.

Rapidement son entourage le résume –
« nul en tout, bon en rien. »
Il est pourtant tellement plus.

Il a sept ans.
Il en est si fier de ses sept petites années. Le jour où il en a eu
huit était symbolique pour lui, il devenait enfin grand.
C'est un petit garçon émerveillé par la vie, qui aime questionner son environnement, qui aime apprendre de ceux qui
l'entourent, qui sait ajuster son attitude face aux émotions des
autres, qui veut se fondre dans un moule dans lequel il ne se retrouve pourtant pas.
Il se perd souvent dans un groupe. Il n'y trouve pas de place,
sa personnalité est difficile à cerner par ses autres camarades.
Alors il tente de s'adapter en copiant des comportements dé-
viants, en imitant des attitudes provocantes, en initiant des
actions défendues. Il cherche une place dans le collectif en dé-
fiant les règles, en détournant les interdits. Mais se fait toujours
rattraper par un groupe peu solidaire, intraitable et toujours
intransigeant.

Le jour où une nouvelle jeune fille est arrivée au sein de la
maison d'enfants, il a tenté de se libérer. Il a usé de stratagèmes
pour redistribuer les places de chacun et s'y inclure.

Une guerre de clan s'est alors tenue entre cette petite
effrontée qui ne comptait pas se laisser faire et ce petit
bout revêche qui voulait inverser la tendance.

Aucun d'eux n'a jamais vraiment gagné.
Ils se faisaient des coups en douce, mais sans le savoir ils se
ressemblaient beaucoup. Tous deux avaient ce petit on ne sait
quoi qui dissonait dans leur personnalité.
Elle avait cerné le personnage. Elle est grande, elle a dix ans.
Mais il lui faisait, à elle aussi, de la peine. Alors, quand elle
pouvait, elle l'épargnait. Lui, profitait de son statut d'ancien du

foyer pour la mener à la baguette. Il était le petit qui connaissait les lieux, il l'initiait aux bêtises, lui faisait porter les responsabilités et lui expliquait à sa sauce les relations des uns et des autres. Alors quand il pouvait il tournait les choses à son avantage.

Malgré leurs tentatives de mise à mal réciproques, ils se donnaient finalement à chacun les clés pour échapper aux pressions du groupe tout en s'y jetant ensemble.
Coup du hasard, cette année-là, ils ont passé noël tous les deux, seuls enfants au foyer, quand les autres étaient en retour famille. Bien des choses se sont passées cette nuit-là. Notre noël à trois sera ailleurs.

Revenons à ce petit chou à la crème.
J'oubliais ce trait de personnalité, la gourmandise.
Son petit ventre douillet et arrondi en témoigne. Et ces petits choux de chantilly sont son péché mignon.
Mais il ne se faisait pas de soucis – « *T'inquiète Ingrid je vais grandir bientôt et mon ventre il va rapetisser. C'est maman qui l'a dit.* »

Ah.

Maman.
Nous y voilà.

  « Ma mère elle fait pute. »
Mots d'enfants, sept ans, à la question – *Elle fait quoi comme métier ta maman ?* - Question lâchée dans le métro par un inconnu qui m'a ensuite regardé d'un autre œil avant de changer de place.
Incapable d'en expliquer davantage et encore moins de rapprocher ce terme de son plus respectueux acolyte prostitué.
Lorsqu'on le questionne plus, il hausse les épaules et insiste sur la banalité d'un tel métier.
  « Toi t'es éducatrice ben maman elle est pute. »

Il ne parle pas souvent d'elle.
Hormis le soir, le mardi soir précisément.
C'est son jour d'appel téléphonique.

Elle n'a pas le droit d'appeler en dehors de ce créneau. Il ne questionne pas cette pratique, il a compris et ne veut pas en savoir davantage.

-        *« Oui, oui, je sais on doit se détacher. »*

Il a sept ans. Cette phrase lui a été dite maladroitement lors d'un entretien un an avant, il la tient pour vérité et ne veut pas y revenir, il s'en accommode depuis.

Maman c'est seulement le mardi soir au téléphone et un mercredi par mois dans une salle avec une autre éducatrice.

Mais le lundi soir, c'est synonyme d'angoisse pour lui.
Il sait que demain maman appellera, alors ses émotions parlent.
Il fait souvent de grosses crises de nerfs ces jours-là. Il finit toujours en pleurant réclamant le coup de fil à maman et se faisant toujours rappeler à l'ordre – *« Maman c'est demain. »*

Sonnerie retentit.
Il court au bureau et hurle à un éducateur de décrocher.
Et s'en suit le même rituel du mardi.

Une maman prenante, attachante, envahissante et un enfant détaché, qui n'investit pas ce moment, qui n'a qu'une envie : assouvir sa soif de curiosité, d'impatience et de frustration en s'entêtant à savoir quel cadeau elle va lui acheter pour son mercredi du mois.
La tension monte. L'une veut parler avec son fils, avoir des nouvelles, connaître sa vie, l'entendre lui raconter son lui. L'autre veut des cadeaux, des jouets, des bonbons et explorer le bureau des éducateurs dans les moindres recoins.
Les cris commencent à apparaître d'un côté et de l'autre. L'impatience gagne l'appareil. Il finit toujours par appuyer sur le bouton de fin sans un au revoir. Et la semaine continue.

Un mercredi comme un autre.
Je l'accompagne à sa visite médiatisée, il va voir sa maman.
Je le dépose aux bons soins de l'éducatrice de médiation.
Sa rencontre dure rituellement une heure trente. Il débriefera avec l'éduc autour d'un goûter au bar habituel et elle le raccom-

pagnera.
Son retour est toujours animé. Il parle vite, fort, il est brusque,
a faim, veut jouer.
Il rentre à une heure où la maison est en plein boom et se calque
à l'agitation. Sauf ce jour-là.

Vacances scolaires obligent, je suis seule avec un autre
enfant. Son retour se fait donc dans le calme. Nous prenons un
goûter tous les trois, il prend le temps de nous parler de tout, de
rien, de nous questionner sur notre brin de vie sans lui. Et voit
un livre posé sur la table.
Il le triture et essaye tant bien que mal de le déchiffrer. « *J'ai mal
à ma mère.* »
Il me questionne. Il s'agit d'un livre que je lis en ce moment. Je
lui explique que ça parle des relations aux parents. Je ne m'étale
pas plus sur le sujet préférant le laisser guider cette discussion
que j'imagine déjà très riche. Mais une fois de plus mon explication était suffisante, il ne ressentait pas le besoin de creuser.
Il continue à explorer les livres posés sur la table. Un livre d'enfant, puis un autre, il s'amuse à lire les titres puis il retourne à
son goûter.

L'après-midi se passe. La soirée. L'heure du dodo arrive.
Les dents et au lit.
Petite histoire, petit câlin, gros bisous.

Sa petite main s'agrippe à la mienne lorsque je
passe sur ses cheveux, il m'interrompt
- « *Tu sais moi aussi j'ai mal à maman.* »
Me dépose un bisou sur la main, se tourne, empoigne
son doudou et s'endort aussitôt.

Attouchements, viols, prostitution, violences, abandon,
mensonges.
Il a sept ans.

Il a mal à maman.

* * *

PARTIR UN JOUR

Voilà maintenant trois jours qu'elle n'est pas rentrée.
Elle a commencé sa prise en charge en fugue.
Ordonnance de placement reçue, elle est bien inscrite dans nos effectifs, mais où est-elle ?
Nous parlons d'elle, épluchons son dossier, préparons sa chambre, imaginons son chemin, préparons son arrivée aussi incertaine soit elle.

Deux semaines et un jour plus tard, elle passe le pas de la porte, cette maison peut enfin s'ouvrir à elle.
C'est son premier placement en foyer de l'enfance.
Elle est maintenant bien là, avec l'étiquette « *fugueuse* » pour la qualifier.
La psychologue est d'ailleurs formelle... elle ne restera pas

longtemps, elle finira par repartir rapidement.
Alors l'équipe reste sur le qui-vive. Angoissée par son départ à l'école chaque jour, enthousiaste en la voyant rentrer le soir.
Résignés, on lui adresse tous un au revoir teinté d'adieu chaque matin.

Ce jour tant redouté est arrivé.
Elle ne rentrera pas ce soir.
Ni le lendemain.
Ni celui d'après.

Plus personne ne croit en son retour.
J'ose quand même poser la question pour assurer mes arrières.
« Que dois-je faire si elle rentre demain ? » - je travaillais seule ce fameux demain, alors, sait-on jamais –
« Oh, tu suis le protocole, mais ne t'inquiètes pas, elle ne rentrera plus ! »

Elle est rentrée.

Elle passe la porte de la maison.
Seule au bureau, je l'aperçois derrière la vitre.
Cheveux raccourcis, tête baissée, je n'aperçois que très peu son visage.
T-shirt négligemment enfilé qui laisse apparaître son nombril, ses épaules.
Short en jeans, collants résille déchirés, rangers aux pieds.
Sac de voyage à l'épaule, sac pendu au bras, portable dans la main.

Elle marque un temps d'arrêt devant le bureau entrouvert.
Elle continue son chemin pour rejoindre discrètement sa chambre.
Je murmure son prénom.
Un arrêt franc. Demi-tour.
Elle franchit la porte et s'assoit.

Elle relève la tête.
Maquillée, très maquillée, elle me regarde.
Ses yeux maquillés de la veille, cernés de noir, laissent appa-

raître des traces de larmes.

Les cils entremêlés, prolongés par un trait de crayon tremblant, veines violettes, se mêlent à ce triste regard.

Début de tatouage éphémère, un papillon s'étale de son front à sa joue droite.

Au travers de son collant troué, j'entrevois un bleu.

Sous ses ongles au vernis écaillé, j'entrevois de la terre.

Elle me regarde.

Les mains tremblantes, elle est fatiguée – j'en suis sûre.

Mais non.

Le protocole me dit qu'il ne faut pas qu'elle regagne sa chambre avant d'avoir été reçue par le chef de service.

Elle sera reçue cinq heures trente plus tard.

Elle restera assise tout du long.

Elle me parlera une heure trente. M'écoutera vingt minutes. Pleurera dix minutes.

Elle me regardera pendant 5h30.

Elle sort enfin du bureau, l'heure a sonné.

Elle part se rafraîchir.

Elle revient sur ses pas, croise mon regard, murmure un merci et repart.

5h30 où elle m'expliquera sa vision de l'amour, sa vision du futur, sa vision de la vie.

5h30 pendant lesquelles elle me décrira ses trois jours loin d'ici.

Du haut de ses 15 ans, elle a pris la rue.

Sa romance l'appelait, l'a happée, l'a consumée.

L'argent l'a attrapée.

Les drogues l'ont assommée.

Les relations l'ont obligée.

Dans ce vacarme, elle est aussi allée chercher soutien et réconfort dans les bras de maman.

Puis, elle s'est souvenue de ces quelques mois ici.

Cet ici, qui tend à lui offrir un mieux.

Cet ici, qui se veut rassurant.

Cet ici qu'elle a souhaité retoucher du bout des doigts.

Elle a dormi 16 heures le soir de son retour.
Le réveil fut difficile.
Elle s'est excusée – ici c'était trop pour elle.

Partie ce jour, sans retour.

Deux mois plus tard, nous la retrouvons au tribunal pour enfant accompagnée d'une femme, sa mère et d'un homme, son inconnu.
Son regard est sombre, dissimulé subtilement par des mèches de cheveux épais, rêches, cassants. Elle porte une perruque d'un noir troublant. Le papillon sur sa joue s'est bel et bien envolé.
Une mainlevée sur son placement a été prononcée. Elle doit quitter le foyer aujourd'hui même.
Ici n'est plus pour elle. Le juge a parlé, mais elle, n'a pas voulu.
La séance est levée.
En partant, elle s'est retournée, m'a longuement regardé et s'en est allée, tirée par la main de cet homme dont on ne connaît rien.

Nos chemins se séparent là. Sans un mot.

* * *

Ô LOUP

Évitons tout de suite les amalgames.
Renaud n'est pas en jeu ici, le loup de lolita n'a pas été le
même que le loup de cette histoire.
L'une a vu le loup, l'autre voulait le loup.
L'une a connu l'adulte, l'autre a préféré l'enfance.
L'une a découvert, l'autre savait bien.

Séjour adapté. Le jargon veut le nommer VA.
Une poignée d'individus plus cabossés les uns que les autres.
Une vie en collectivité, un temps suspendu, des vacances loin
des tumultes de l'institution, loin de la charge familiale, loin de
la frénésie des médecins, loin du handicap, loin de la perversité
du quotidien.
Juste des vacanciers aux corps amochés et des
anims' aux esprits torturés partageant une bulle
de quiétude aux diverses secousses.

Le rush de l'arrivée.
Prenons possession des lieux. Nous y resterons une semaine.
Installons-nous.
Répartition des chambres et apéros simultanés. Les uns vident les valises avec une organisation bien rodée, les autres sirotent une boisson sur des airs de Cloclo.
La rencontre opère.
Chacun prend ses marques. Soirée dansante improvisée.
La musique bat le tempo, les corps se déhanchent, les rires éclatent de toutes parts, les bousculades vont bon train, les personnalités se dessinent, les prénoms sont retenus.
La semaine peut commencer.

Dans cette bulle irréelle, le handicap n'existe plus, la maladie n'est plus caractéristique de la personne, le rapport au corps est redéfini, l'âge n'a aucune importance, les conventions sociales se sont envolées.
Dans ce monde de bienveillance, de retour aux sources et de partage, les différences sont effacées, la hiérarchie de l'être humain n'a pas lieu d'être, le dégoût et la pudeur ont pris le large, tout n'est que nécessité et douceur de vie.
La version édulcorée a tendance à gommer ce que les autres appelleraient « *les horreurs du quotidien* », ce que l'on aime appeler « *les joies des VA* ». Dans cette histoire il ne s'agira que de la joie n°4 - la bave de la blanche colombe qui se déverse sans fin.

Remettons le contexte.
Nous sommes le 25 décembre. Arrivés sur les lieux vers quatorze heures, heure à laquelle la bave ne quittera plus mon beau gilet noir, cadeau du père-noël reçu un jour avant.
Ainsi se déroulera l'histoire d'une rencontre.

Elle a retenu mon prénom dès la première minute. Elle aime le répéter à tout va.
Ses 42 ans se cachent derrière un regard angélique perdu dans le vague. Les jambes toujours croisées, une élégance intrigante au corps biscornu, une innocence fascinante se dégage d'elle.
L'heure du repos a sonné, chacun regagne sa chambre et plonge dans un profond sommeil.

4h00.
Réveil nocturne.
J'ouvre un œil, regarde autour de moi, ils dorment tous. Mais
j'entends une voix.
Première nuit, je ne suis pas encore familiarisée avec
les bruits, mon sommeil s'installe à peine et mes yeux
ne veulent pas s'ouvrir. Suis-je en train de rêver ?!

Je continue à entendre cette voix et des grincements de parquet.
VA oblige on ne dort jamais sur ses deux oreilles, à l'affût du
moindre bruit alarmant, on est toujours prêt à bondir.
La peur du noir, du bruit angoissant, de l'orage, ou de tout autre
chose qui d'ordinaire pourrait faire frissonner disparaît totale-
ment. Ni une ni deux, je file dans le couloir.

Je la vois, debout en plein milieu de l'allée, dans son pyjama de
velours noir, les cheveux ébouriffés, les bras ballants, un chaus-
son mais pas l'autre.
Elle avance, traîne des pieds et crie au loup.

« Le loup. » « Le loup. » « Le loup. » « Le loup. »

Attendrissant.
Je la prends par le bras et la raccompagne au lit tentant de la
rassurer.
Ici il n'y a pas de loup.
Elle se recouche.
J'y retourne aussi.
Et j'entends toujours le loup de l'autre bout du couloir.

Une demi-heure plus tard, la voix se rapproche.
De nouveau debout dans ce couloir.
« Le loup. » « Le loup. » « Le loup. »
Je l'amène boire un peu d'eau, et retour au lit.
Mais ce loup est toujours obsession.

Elle se lèvera toutes les demi-heures criant au loup.
Je me lèverai toutes les demi-heures pour tenter de la rassurer.

Mais en fait elle n'a pas l'air si effrayée que ça.

7h00.
Réveil matinal.

Les collègues sont frais et bien reposés, ils n'ont rien entendu, rien soupçonné de cette nuit au loup-garou mais voient à ma tête que la nuit a dû être bien longue.
Mais elle, dort à poings fermés. Tant pis pour le p'tit dej, je n'ai pas le cœur à la réveiller.

Elle se lèvera fraîche comme la rosée à 11h00.
Déambulant dans le salon, sur la pointe de ses pieds nus, elle sautille à tout va, répétant sans interruption : « *Le loup.* » « *Le loup.* » « *Le loup.* »

Éclat de rire général. Évidemment, j'avais raconté aux collègues nos péripéties nocturnes avec le loup. Fatigue oblige et à court d'arguments, je ne peux cette fois m'emparer de cette angoisse, préférant laisser l'équipe prendre le relais.

Dans le rush depuis déjà quatre heures, je cours de droite à gauche au milieu des bols et céréales, entendant toujours d'une oreille ce loup qui n'avait cessé, m'amusant de voir l'impatience gagner les autres.
Guillerette, je puise mon peu d'énergie dans la frénésie du p'tit dej, servant les uns, débarrassant le reste, nettoyant les dégâts, anticipant l'après.
Je chantonne.

« *Prom'nons nous dans les bois pendant que le loup n'y est pas* »
– l'influence subconsciente du loup. –

Stupeur.
Le loup s'est arrêté, plongeant alors la salle dans le silence au travers duquel se distingue de tendre - « *nanana nanana nana-nanananana* » -

Assise sur une chaise, ses bras s'animent, ses yeux se ferment, sa tête se balance.
    « *Nanana nanana nananananananananana. Le loup, le loup* ».

Je lâche tout ce que j'ai dans les mains.

Je me précipite à ses genoux. Et lui chante la chanson.

Elle rit aux éclats. Elle chante avec moi. Se lève et tourne, tourne, tourne. Une danse infernale se crée. Émue, je ne peux m'arrêter de chanter.

Les autres nous rejoignent, tapent dans les mains, rient. Tout le monde chante et danse au milieu du salon en pyjama pour les uns, finement habillé pour les autres.

On est en hiver, il fait froid, mais dans ce salon règne une douceur réchauffant la pièce et le cœur de tous.

Le loup est libéré.

Elle n'en avait pas peur. Elle en était folle.

Elle ne l'appelait pas. Elle le chantait.

Elle ne l'appréhendait pas. Elle le connaissait.

Le code était en place.

Chaque fois qu'elle voulait chanter, elle venait me trouver et criait « *Au loup* ».

« *nanana nanana, nanananananana, nanana nana, nanana nana* »

« *Loup y es-tu, m'entends-tu.* »

Chaque soir je l'accompagne se coucher, sur le trajet nous chantons le loup.

Elle ne s'est plus jamais levée en pleine nuit.

* * *

MEC !

Dernier jour pour moi au foyer.
Je fais le tour des chambres, un à un, leur dire au revoir.
Ces six mois partagés prennent fin.
Travailler la rupture, travailler l'après.

Je rentre dans sa chambre.
Il joue à la play enfoncé dans son lit. Je l'interromps. Il comprend que c'est important.

**Il ne me regardera jamais dans les yeux durant
ce temps. Sauf.**

Je commence à lui expliquer, à le préparer,
à le remercier, à l'encourager.

Assise au pied de son lit, face à lui. Fenêtre ouverte.
Sa chambre est située au 2ème étage.
Une petite tête apparaît.
Cet autre pointe le bout de son nez suspendu à la fenêtre.

Je me tourne.
Un instant de frayeur, un instant d'interrogation, un instant de
doute.
Je comprends qu'une visite-surprise était en train d'opérer à
mon insu.

Les heures de visite sont terminées, ils le savent bien.
Là est le problème.
Je suis l'éducatrice, je suis le cadre, ils attendent.

« Ah bah là, on peut parler de prise sur le fait accompli Mec... »

Mec.
Ce mot que je n'avais pas dit.
Ce mot qui a raisonné en lui comme un coup de massue. Ce mot
de familiarité auquel il ne s'attendait pas. Ce mot un peu trop
gentillet pour la circonstance.
Pas de cris, pas de remontrances, pas d'interdictions. Cette situation silencieuse crée du désordre.

Il monte en flèche, crie, me reprend, me répond, me menace.
« Je suis pas ton pote, tu ne m'appelles pas mec,
tu te prends pour qui ! Vas-y bouge, t'as pas envie
que je rentre sinon ça va mal se passer ! »

Remettons le contexte, jeune homme. Il est temps qu'il com-
prenne. Et il le comprendra.
Il est hors cadre, il enfreint la règle - Il le sait. Je le sais.
Mais ma priorité à cet instant précis ne se situe pas là.
Ça, il ne le sait pas.

Il est sur la pointe des pieds pour que sa tête dépasse suffisam-
ment de la fenêtre, son air menaçant doit être crédible.
Il est sur ce tout petit rebord branlant.
Il se tient avec l'aide de ses petits doigts tout fins.

Il est énervé et pas maître de ses mouvements.
Il se lâche d'une main pour maître en scène ses menaces. Il est
en danger.
Un faux pas et il tombe.
On est au deuxième étage. Mais ça, il ne le prend pas en compte.
Il a été pris sur le fait accompli c'est tout ce qu'il redoute. Il se
doit de réagir. Sa fierté a parlé.

L'ironie, la manier ici m'a permis de le faire rentrer.
Hors de lui, il veut passer à l'action, il est prêt.

Violence quand tu nous tiens.
Communication quand tu n'arrives pas à t'établir.
Frustration, peur, incompréhension quand tu es là.

Je me prépare, il va vraiment lever la main, c'est sa dernière
solution - Il l'a dit. Il doit le faire. Sa crédibilité et son statut de
bad boy du foyer est en jeu.

Je suis une femme, il n'aime pas les femmes.
Je suis éducatrice, il n'aime pas les éducatrices.
Je suis le cadre, il est rebelle.
Je suis détentrice de la sentence, il a peur.
Qu'il lève la main. Je tomberai. J'aurai mal. J'aviserai.

L'ironie, la manier ici l'a fait s'asseoir.
*« Aller, mets ta menace à exécution. Tu sais dans ma vie je n'ai fait
que de la danse classique, alors... Je ne chercherai pas à répondre à
tes coups, le sol c'est bien dans ces cas-là. »*

Il est vraiment énervé. Mais il sait, il a compris
qu'il ne fallait pas.
Et il ne l'a pas fait.
Il s'est assis.

Silence. Cinq minutes.
J'ai quand même eu peur. Mais il ne le sait pas.
Il a eu peur. Je le sais.

Il commence à parler - *« Ce n'est pas contre toi tu sais. Je ne t'aurais pas frappé. »*

S'en suit une petite discussion à cœur ouvert.

Il s'excuse. Se lève. S'en va. Revient.
« Merci »
Il repart.
Par la porte.

Mon petit jeuns' qui était toujours là, sur son lit, n'a rien dit.
Jamais.
Il a tout vu. Tout entendu. Il est choqué par cette scène brève et intense qui vient de se dérouler devant lui.
Il me regarde dans les yeux à l'instant où je me lève pour partir.
Il n'a pas parlé mais a tout dit.

Lendemain matin. Je reviens signer quelques papiers avant mon départ définitif.
Mon p'tit mec me croise dans le foyer.
Il me tend la main, baisse les yeux.
Je lui dis - Bonjour...
Il m'interrompt, continue ma phrase par un – Mec...
On échange un dernier sourire.

L'histoire se termine là.

* * *

CHACUN SA FOLIE

Cette histoire commence par une rencontre à l'hôpital psychiatrique.
Il a 14 ans. Il a décompensé.

Après deux semaines entre ces murs, il est temps pour lui de rentrer au foyer. Nous partons le chercher à deux, nous n'avions tout ce temps pas de droit de visite. Nous ne savons pas vraiment à quoi nous attendre. On nous oriente, une infirmière part le chercher, assis dans sa chambre il nous attendait. Nous nous rejoignons dans le parc de l'établissement.

Je me rappelle avoir eu très peur en l'attendant.

Nous passons dans la pièce commune, une dizaine de personnes déambulent dans les couloirs. Des cris se font entendre,

des regards de détresse se lisent dans leurs yeux, une odeur d'hôpital plane dans l'air, des bruits de sabots en plastique et un défilé de blouses blanches déambulent dans cet espace. Nous sommes au milieu, dérangées sans cesse par les infirmières ; sollicitées par les patients. Une ambiance étrangement animée se dégage de ce lieu.
Une fois dehors, nous nous asseyons sur un banc.

Ma collègue s'installe tout en bavardant pour combler l'attente angoissante alors que je lutte contre les menaces alentour.
J'avais beau anticiper la moindre approche, il m'a eu, il a surgi de nulle part et c'est posé là. Juste à mes pieds sans que je ne vois rien venir. Je n'ai pu contenir ma frayeur en poussant un hurlement inattendu.
Ce lieu chargé de fantasmes morbides a mille raisons à avancer pour justifier ces cris. Mais il n'en est rien, à croire que les paradoxes ont raison de toutes les folies.
Mon agresseur visuel n'est autre qu'un pigeon.
Objet de mes cauchemars, ils ont tendance à persécuter mon quotidien.
Une fois l'envol salvateur fait, une fusillade de regards perplexes a envahi l'espace submergé en quelques secondes par une assourdissante vague de rire.
Et la vie reprit son cours.

Notre jeune arrive dans le parc au milieu de ces rires.
Une seule question subsiste - Pourquoi avoir peur des oiseaux ?
Une seule réponse résiste - Chacun sa folie.

Depuis, il en est sorti. Il a réintègré le foyer.
Son quotidien est rythmé par les prises de médicaments, matin, midi, soir, il a droit à sa dose journalière. Assommé, le nombre incalculable de médocs a raison de lui. Les médecins ont dit, il doit exécuter.

Très peu d'entrain. Éteint.
Je sais qu'il sait rire, il l'a déjà fait.
Je sais qu'il peut avoir des envies et les exprimer, il l'a déjà fait.
Je sais qu'il aime parler même si ça lui est difficile, il l'a déjà

fait.
Mais il ne le fait plus. Fermé.

**J'essaierai cette après-midi là par tous les moyens
de le faire réagir, de le stimuler, de le faire rire.**

Nous nous rendons à des ateliers thérapeutiques. Sur le chemin
je m'attelle à ma mission.

*« Oh là là, J'ai chaud ! Que j'ai chaud ! Mais
qu'est-ce que j'ai chaud ».*
Il fait vraiment chaud ce jour-là. Le soleil tape,
l'air est lourd, pesant, irrespirable.

On nous dit souvent que le temps est un bon sujet de conversation. Parler pour ne rien dire c'est déjà échanger. Mais mes états d'âme de chaleur ne le font pas réagir.

En chemin, je m'arrête. Stop.
Petite improvisation de danse.
Je m'agite, je gesticule.
Je me ridiculise mais tant pis. Il faut ce qu'il faut.
Aucune réaction.
Ma danse de la pluie en plus de n'avoir eu aucun effet sur le temps, n'en aura pas plus sur lui. Seulement un haussement de sourcil.
Je n'ai plus aucune crédibilité. À ses yeux, je suis folle, c'est confirmé.
Et j'ai chaud, encore plus chaud qu'avant cette incartade.
Je rigole toute seule, tant pis.

Enchaînons par une séance thérapeutique, vraiment pas très drôle.
La séance se passe, plus de trois heures de rendez-vous. Long, très long, très très long.
Je n'en peux plus d'entendre ces discours institutionnels pour le convaincre d'adhérer au programme. Ces séances sont obligatoires, notre condescendance professionnelle veut tendre vers l'adhésion du jeune, mais dans cette situation c'est mission impossible.

Nous sommes vingt dans cette pièce, il fait chaud, très, très, chaud, on veut partir.

Il n'a pas besoin de le dire, je lis dans ses yeux les SOS qu'il m'envoie pour que je ne le laisse pas seul ici.

Il ne joue absolument pas le jeu. Il ne parle pas, se contente de hocher la tête et ne sort que deux mots pour acquiescer aux questions : « *Ça marche* ».

Mais toujours aucun sourire, aucun signe d'épanouissement.
Le délivrer de cette réunion sera peut-être le déclencheur...

On sort, contents de retrouver la légère brise de vent. Trois heures d'ennui. Y en a marre, on rentre.

« Toi aussi tu l'as senti ou je suis vraiment folle ? »
Il explose de rire.
Oui, il l'a senti aussi.

Il court vers une voiture et me montre le pare-brise.
Il rit aux éclats et gesticule dans tous les sens.

Ça y est, il pleut !
Complètement improbable !
Ma danse a marché !

A ce moment précis je suis à ses yeux super éduc.
À mes yeux aussi ceci dit.
C'est l'impressionnant pouvoir du désespoir qui a parlé.

J'ai fait venir la pluie, il a enfin ri.
C'est donc parti pour dix minutes de fou rire exceptionnel.
Mon moment tant attendu, je l'ai eu.

On rentre complètement excité. On oublie de raconter aux collègues la séance de groupe déplorable mais nous nous empressons de décrire le surnaturel qui s'est produit. Tout enthousiaste, on fait face à un mur de morosité, tout le monde se plaint, il pleut, *c'est nul*.

Il a ri, soyons heureux.

* * *

K.O. PAR ABANDON

Je pensais cette histoire derrière moi, mais je me rends compte ce soir que non.

Elle a besoin d'être inscrite à jamais pour enfin, être en paix.

Par ces mots aujourd'hui, je la laisse s'en aller.

Cette histoire aurait pu avoir une fin toute tracée, mais un canard va s'immiscer et changer le cours des choses.

Un seul souhait : ne pas rester sur ce K.O.

Être éduc' c'est aussi travailler avec une équipe, répondre à une hiérarchie, composer avec d'autres professionnels parfois malsains.

Remontons le temps et revenons un

an avant. Début du chaos.

Je travaille dans un centre social depuis plusieurs mois.

Bien installée dans mon poste, reconnue par mes collègues, estimée par les mamans que j'accompagne, accueillie par les partenaires, appréciée par le quartier.

Changement de direction, ce grand, très grand bonhomme débarque. Il sera notre patron.

Deux mois idylliques. Armé de bonnes intentions, fort de son expérience, il a pour ambition de relever le centre et le développer.

L'histoire va tourner autour de cette personne, et, on ne le répétera sûrement jamais assez, *méfie-toi de l'eau qui dort.*

Sauf que méfiance, ce mot ne fait pas parti de mon vocabulaire d'ordinaire et ça il l'a bien cerné. Mais ce qui vaut pour l'un, vaut pour l'autre, il ne se doutait pas de ma versatilité, tantôt ange innocent, tantôt ange aguerri. Je sens que le vent tourne, la méfiance m'habite.

Le temps passe, suffisamment coaché par la responsable associative, il faut qu'il prenne son envol.

Il est Le grand patron, il doit agir.

Mais, quelque chose ne va pas. Les incohérences commencent à apparaître.

Les semaines passent, les discours sont là, mais ses actes ne suivent pas.

La grandiloquence laisse place au mépris, au sarcasme et au cynisme.

Ses grands principes de partage, de motivation collective, d'écoute proactive, sont évoqués mais vite évincés par des plans financiers, des guerres d'égos, des désintérêts et ignorances professionnelles.

Ses expériences tant décriées dans ce monde social depuis tant d'années, sont mises sous silence, sont déguisées, flirtent avec la légalité.

Sa vie personnelle si bien ficelée avec un mariage chancelant mais solide et un enfant présent et complice, prend des chemins imaginaires, vogue sur une eau pas si tranquille, vit des

heures sombres et décousues.
Ce grand, très grand homme, aurait-il des choses à cacher ?

Ses failles alors toutes visibles,
M'ont appelé à me méfier.
Recherches ciblées bien accessibles,
J'ai persisté et bien trouvé.
Union d'équipe emplie d'éthique,
Nous faisions front, mais nous tombons.

C'est l'histoire d'un grand, très grand patron,
à l'équipe bien soudée.
Ses ruses auraient pu fonctionner,
Ses ambitions auraient dû être tues.
Ses plans auraient pu rester secrets,
Son narcissisme se devait d'être tenu.
C'est l'histoire d'un grand, très grand patron, bien mal tombé.

**Ses stratégies ont été déjouées, ma vie a été mise en danger.
Sa sortie s'est voulue dramatique, j'ai été congédiée pour
risque.**

Lendemain de fête, début des hostilités.
Les masques sont tombés, il m'a fallu m'écarter.
Prise entre quatre yeux je suis priée de m'effacer.
Mes collègues insistent, je ne suis plus en sécurité.
*« Prends dix jours, on te les offre, pars chez un proche, loin, on te
rappellera quand tout sera tassé »*
**Les mots ont frappé, les larmes ont coulé.
Je suis partie. K.O. par abandon.**

Il est aussi parti, ce grand, très grand patron, il a pris la porte le
lendemain.
Sa fille est morte.
Il avait une fille. Paraîtrait-il.

L'histoire révélera que faire confiance à ses intuitions s'avère
être utile, lutter contre pour tenter de préserver son innocence
peut devenir dangereux.

Mon départ m'a permis de parler. Mon contrat prenant fin au trente et un du mois je me devais de dire.

J'ai enfin parlé au grand jour, ouvert une enquête de sécurité, rencontré officiellement ma direction ; mais ils savaient.

Ce sacrifice était vain, aucune preuve, aucune faute, aucun faux pas, le grand patron avait assuré ses arrières, il n'était pas à son coup d'essai.

Sur ordre de la responsable associative,

Sur conseils de l'équipe,

Je suis partie vider mon bureau, seule, une nuit à 22h, prenant soin d'éteindre les caméras. Personne ne devait me voir. J'ai tout emporté avec moi, je n'ai laissé aucune trace de mon passage.

Puis je suis partie prendre congé.

Les mamans n'en ont jamais rien su,
Le quartier se devait d'ignorer,
L'équipe a dû oublier,
Et moi, j'ai repris ma route.

Voici l'histoire, à demi-mot, d'une année sous manipulation d'un grand, très grand patron.
Voici l'histoire, en demi-teinte, d'une année sous l'emprise d'un grand, très grand pervers narcissique qui pensait redresser un bateau, qui a fini par couler avec lui.

**Il a été vaincu. K.O. par abus
Je me suis relevée en devenant canard.**

J'ai pleuré, tellement pleuré pendant ces dix jours d'exil.

J'ai crié, tellement crié de rage, de désespoir, à l'injustice, au mutisme.

J'ai pensé, tellement pensé à tous ces mots, tous ces indices qui auraient dû m'avertir plus tôt.

J'ai lâché, tellement lâché prise à voir cette emprise enfin me quitter.

Puis un vieux sage m'a dit : « *Deviens canard* »

« Deviens ce canard que rien n'empêche de flotter, que rien n'empêche d'avancer, qui offre son plumage au ruissellement des gouttes, qui cancane haut et fort sa force de vie. »

L'éveil du canard est maintenant amorcé.

Mon lac est devenu éthique, ma détermination
s'est entourée de mes principes,
Mes plumes sont devenues valeurs,
Mon chant m'émancipe.
Je suis devenue canard.

J'ai repris le chemin du travail, bien décidée à me faire
entendre, quitte à rester classée sans suite.

Il me restait deux semaines. À quoi bon ?
Je me le devais. Sortir par la mini-porte, mais sortir quand même.
Je ne suis plus jamais retournée au centre, je suis restée cantonnée dans les bureaux.
Tant pis, j'étais quand même où je devais être.
Je ne voulais plus être évincée, je voulais juste finir mon contrat jusqu'à son dernier jour.
J'ai bouclé mes dossiers, rendu mon évaluation annuelle, conclu mon année.

Je suis revenue, lui, plus jamais.

* * *

COMME UN
COURANT D'AIR

Deux mois après mon arrivée, je ne l'ai pas souvent vu, ce jeune.
On ne le voit jamais. Il vit sa vie.
Ça soulève bien des frustrations professionnelles.
Quel accompagnement mener avec un jeune courant d'air ?

Personne ne voit son côté débrouillard.
Il va tous les jours à l'école. Il travaille au marché aux puces pour se faire deux sous et il a un réseau social bien présent dans sa vie. Il ne demande jamais rien à personne, *« il gère »*.

Sa chambre ne lui plaît pas. Elle est trop grande.

13m² dans lesquels se trouve un bureau, qui sert plus de décoration qu'autre chose ; un petit lit une place avec une couette négligemment posée dessus, ni draps, ni oreillers ; un placard où un bric à brac d'affaires s'entasse - Remettons l'image du bric à brac dans son contexte, on parle de deux pantalons et quatre t-shirts parsemés de slips douteusement propres. Rien de plus. – ; un petit tableau de liège désertiquement vide ; une étagère murale désespérément nue. Pas de gel douche, pas de déodorant, pas de savon, pas de brosse à dents, à se demander si quelqu'un vit vraiment ici.

Malgré ce désert, le sol est toujours sale, les sanitaires absolument inapprochables, deux paires de chaussures jetées sur le sol accompagnées de quelques chaussettes dépareillées.

« Le problème c'est qu'il n'est ni à l'hôtel, ni au club Med. » Insiste l'équipe éducative.

Il faut qu'il le sache.

Les éduc' sont frustrés.

Réunion au sommet, on ne peut plus le laisser faire comme ça.

Tout lui a déjà été dit plusieurs fois mais rien ne change.

Sanction.

On ne peut pas aller et venir à sa guise en délaissant à ce point l'hygiène, il faut prendre des mesures. Quelques jours de mise à pied pour qu'il comprenne qu'ici ce n'est pas un dû ?

– Trop radical.

– Alors switch des chambres ! Fini le privilège de la grande chambre !

La demoiselle de la chambre à côté convoite ce 13m² depuis des mois. Manque de chance, elle ne lui a pas été attribuée. Jour de chance enfin, elle va permuter son petit 9m² avec monsieur.

Dix minutes plus tard il aura fait son unique carton. Une heure et demi plus tard elle aura fait ses huit cartons.

N'en parlons plus, attendons la fin de cette semaine test pour être contents d'enfin poser cette mise à pied.

Surprise.

Fin de semaine arrive. On ouvre la chambre.

Ça sent bon.

Le lit est fait. Le bureau est rempli de stylos, de feuilles, de livres, on est même content de voir le bazar sur son petit bureau. Le placard est rempli de nouveaux habits. Le lavabo est orné de tout le nécessaire de toilette digne d'un jeune homme coquet.

On doit l'admettre, elle est bien loin l'envie de poser une mise à pied.

Que s'est-il passé…

On comprendra plus tard qu'il ne pouvait pas se construire dans une chambre de 13m².

Il vient d'un pays où sa maison de 9m² abrite sa famille entière. Il n'a jamais eu à faire de ménage, les femmes s'en chargent chez lui. Il ne connaît pas les chambres individuelles, il n'a jamais eu de pièce à lui au pays.

Le soir désormais, il reste dans sa chambre après le repas, il reçoit des amis, il accroche des photos au mur.

Il se pose.

Il prend possession des lieux. Il se construit une vie de plus en plus structurée. Il commence à avoir des repères.

Ses projets prennent vie.

Pour preuve.

J'assure une semaine de permanence à l'accueil. On ne s'est que très peu croisé tout au long de ces deux derniers mois. Pourtant ce matin-là, il vient me voir.

Il me sourit, il est gêné.

Il me pose un papier sur le bureau.

Je lis. Ce n'est pas écrit en français, je ne comprends pas.

Il sourit et me pose un petit calepin sur le bureau.

Son passeport.

Il est fier.

Je n'ose le toucher.

Son objet le plus précieux, je ne peux pas le lui prendre sans son autorisation. - *Je peux ?*

Il sourit, enlève sa main et le pousse vers moi, impatient que je

l'ouvre.
Sa photo en première page.
Il est beau. Il rayonne. Je feuillette ses pages vierges que j'imagine remplies de futurs tampons turcs. Ces tampons tant attendus.
Ça y est, il peut enfin partir avec la garantie de pouvoir revenir.
Il est heureux.
Je lui rends vite, il a besoin de l'avoir dans ses mains.
Il doit réaliser.

À l'accueil, j'ai une vue panoramique sur l'entrée.
Des escaliers, quelques marches, il a pour habitude de s'y asseoir le soir après le repas.
Il y restera une heure dix-huit cette après-midi là.
Seul.

Il admire son petit calepin. Il le feuillette, il le regarde, il le triture.
Son sourire ne le quittera pas ce jour-là.
Je ne le quitterai quasiment pas du regard.
Il m'a touchée.
L'impression que pour lui tout devient réalisable.
Tous les espoirs sont enfin possibles.

Il en prendra conscience ce jour-là.

* * *

NOM IMPOSSIBLE

Jour de prise de poste pour moi dans ce foyer, les éducateurs sont dans le rush.
Les jeunes sont déjà partis à l'école, sauf elle.
Vite, c'est la course, *« monte dans la voiture je t'expliquerai en route »*.
Direction le tribunal.
Le ton est donné.

La gamine à l'arrière n'en mène pas large mais joue l'indifférence.
L'éduc' au volant est stressé, c'est sa deuxième semaine de travail, c'est sa troisième semaine dans cette ville, il ne connaît pas la route et n'a jamais été au tribunal.

On arrive. Les galères commencent.
Portiques de sécurité.
La jeune fille passe en première, elle sonne à tout va.
On lui fait la morale, c'est écrit partout - *videz vos poches.* -
L'éducateur passe. Tout va bien.
Je passe.
Les agents ne veulent pas me rendre mon sac. Nous sommes en retard, je n'ai pas le temps d'attendre et pourtant, deux agents supplémentaires arrivent. Ils me fouillent, me refouillent.
L'éduc' s'impatiente, la gamine rigole. Ils sortent un couteau de mon sac.
Oups !
L'éduc' me fusille du regard, la gamine reste les yeux écarquillés, les agents hurlent.

Être éduc' ce jour-là m'a sauvé.
Calibre du couteau interdit, mode d'ouverture interdit.
Anecdote terminée, je suis rouge écarlate, j'ai chaud,
je ne sais toujours pas ce que l'on fait ici.

Ambiance glaciale, austère et tout sauf accueillante.
Des dizaines de robes noires déambulent dans ces couloirs exigus, un silence mortuaire, un bruit sourd de pas atténués par une moquette douteusement propre, des chuchotements gênés, des portes qui claquent et des regards très codifiés, condescendants.
L'avocate de la jeune fille est là, je l'accompagne pour qu'elles puissent s'entretenir et pour que je puisse me mettre au fait.

On nous parle d'accusation pour coups et blessures, pour vol à l'arraché avec circonstances aggravantes, de préméditation et de violences en réunion sur adolescente mineure.
D'un air désinvolte, la gamine acquiesce, oui il s'agit bien de tout ça.

*« Mais c'est bon, on va pas en faire une affaire d'État,
m'en bats les couilles de cette connasse ».* - Ah très bien...
je vois, je vois... Grosse affaire, grosse affaire.

Des amies à elle arrivent, elles sont complices.
Des témoins se présentent à la barre, ils sont formels.

52

La victime reste assise, elle pleure.

Quelques heures d'audience.
Des dizaines de minutes de remontrances.
Ma petite jeune fond finalement en larme. Le verdict tombe.

**Les trois jeunes filles ont été jugées coupables
des faits qui leur étaient reprochés.**
Ma jeunette écope d'une mesure éducative avec obligation
de suivi psychologique et travaux d'intérêts généraux.
Son école, elle, la bascule en conseil de discipline,
elle est renvoyée définitivement.

Sa situation devient critique.
Jeune marocaine, arrivée en France à l'âge de douze ans, elle en
a dix-sept aujourd'hui. Confiée aux bons soins de sa tante, elle
lui est finalement retirée pour esclavage moderne et violences
corporelles. Immédiatement placée en foyer à l'âge de 15 ans,
elle n'aura plus jamais de contact avec sa famille qui l'a renié
suite à ces événements.
À la suite d'un pari, elle a un jour arraché le collier en or d'une
camarade de classe dans le métro et la suite de l'histoire vous la
connaissez.

**Plus d'école, plus de projet professionnel, et démêlé
avec la justice. Nous sommes dans une impasse.**

Ni une, ni deux, on s'empare de cette situation et comptons
bien remettre de l'ordre et l'aider à lui tracer un nouveau chemin. On démarre les démarches ensemble, elle et moi.

On contacte les écoles, aucun établissement ne lui fait
confiance.
On contacte de potentiels employeurs, personne ne veut lui
donner sa chance.
On contacte des organismes de formation, on se heurte une
nouvelle fois aux refus.
On contacte la mission locale, on se prend un mur.
École de la deuxième chance. Ils disent oui.

Ni une, ni deux, on réunit les papiers pour finaliser son inscription.

Ma petite nénette est complètement découragée.

Elle s'en veut. Elle réalise jour après jour les conséquences de ses actes. Et aujourd'hui, elle a honte.

Elle veut partir.

Elle en a marre des éduc'. Elle en a marre de la France. Elle en a marre d'être une fille. Elle en a marre de galérer. Elle est au bout du rouleau.

L'impression de ne pas être comprise. L'impression de marcher seule. L'impression d'être rejetée de ce monde.

On arrive au guichet d'inscription.

Il faut donner son nom et bien évidemment mademoiselle est sur son téléphone.

Je l'épelle à sa place. N.... M.... - 3 C, 3 H, 3 K -.

Elle lâche soudainement son téléphone,

Vient se blottir dans mes bras,

Pleure à chaudes larmes.

Je suis la première personne à connaître son nom, avec toutes ses lettres, sans le lire sur un papier.

Inscription faite, elle commencera l'école le lendemain.

Quelques années plus tard, j'ai pu avoir de ses nouvelles.

Elle est assistante maternelle. Elle s'est mariée.

Elle a deux enfants. Elle est heureuse.

En tout cas tout laisse à penser que. L'histoire ne le dit pas.

ÂME À LA MER

Si l'âme était là, lame devait être.

C'est l'histoire d'une gosse,
Encore bien trop mineure,
Pour cet arrêt majeur,

Qui, saisie par l'impact
D'un plaisir trop précoce,
Dut faire face avec force
Aux échos de son acte.

Elle crut en la fusion,
Douloureuse confusion.
Elle fuit l'humiliation,
Cruelle destruction.

Elle dut prendre position,
Douloureuse suppression.
Elle prit sa décision,
Arrêt de gestation.

Elle brava avec tact
L'interdit qu'elle endosse,
Se jetant dans la fosse
Pour respecter son pacte.

Enfermée dans des pleures
Elle entend sa douleur
Elle n'est plus à la noce.

Jeune femme
A quinze ans
Engrossée
Accablée
Tiraillée
Humiliée
Avortée.

« Ingrid, il aurait un an aujourd'hui. »
Phrase lâchée en pleine mer à l'abris des regards.
Mots jetés qui ravivent une douleur enterrée et pourtant si présente.
Histoire vite oubliée, dernière fois qu'elle en parle.
Une larme déversée dans cette eau, à jamais effacée.

C'est l'histoire de cette gosse qui par acte d'amour a bravé l'interdit du charnel hors mariage. Elle est tombée enceinte et par peur de la honte, du déshonneur, de la mort a choisi d'arrêter dans l'ombre et la solitude. Elle a dû enterrer ce secret au fond d'elle pour juste continuer à être la jeune fille pure qu'elle était.

❋   ❋   ❋

UNE BALANÇOIRE
NOMMÉE CONFIANCE

Nouvelle prise en charge.

Dans ce boulot je travaille seule.

Nous sommes plusieurs à accompagner le même jeune mais sur des temps individuels.

Cette méthode de travail je l'ai cherchée, j'ai signé pour cette particularité, j'attendais de l'expérimenter.

Cet accompagnement individuel, je l'envisageais comme étant le plus personnalisé possible, je le souhaitais dénué de l'empreinte déroutante d'une équipe, je me projetais dans un univers créatif, aux mille possibles.

Je pensais que toutes les barrières institutionnelles auraient disparu, que tous les conflits internes ne pourraient plus nuire, que le poids de la discordance d'équipe ne pourrait plus entraver l'accompagnement, que la cohésion de ma propre personne basée sur une éthique bienveillante suffirait. **C'était sans compter les antécédents.**

Nouvelle année pour ce p'tit bonhomme de 9 ans.
Nouveaux éducs mais routine habituelle.
Ses repères spatio-temporels sont inchangés, tous les éléments sont a priori réunis pour mener à bien un accompagnement de qualité.
Mais on me prévient, ce jeune est violent, incontrôlable et surtout imprévisible.
Il est porteur de handicap. Sans trop m'en dire, on me souligne qu'il a de nombreux syndromes autistiques. Des TOC, de la violence, une communication peu développée, de l'hyperactivité, une routine structurante.

**Ce portrait inquiétant d'un petit homme
de neuf ans m'interpelle.**

Je rencontre ses parents, son entourage, son cocon.
Présentation faite, petit homme dort. Sieste de plus de deux heures. Nous nous entretenons sans lui, planifions, envisageons, concevons une ligne directrice pour l'année à venir.
Cette première rencontre est aux antipodes du tableau dépeint. Un cadre bienveillant entoure ce petit, une prise de conscience et un effort de tous les instants pour bien faire, une organisation rodée, un entourage soutenant et aimant.
Petit chat se lève de sa sieste. Il nous rejoint.
Attention crises et violences à l'horizon.
Mais il en sera tout autre.
Il dépose tout doucement un bisou sur ma joue. Essaye de répéter mon prénom. Me dit fièrement le sien et court se blottir dans les bras de maman.

C'est la rentrée, première semaine de septembre, l'établissement spécialisé dans le handicap qui l'accueille quelques jours par semaine, réouvre.
On me prévient.
« L'an passé a été une catastrophe. D'une violence extrême, il n'a

pas tenu sa prise en charge en établissement. Un dispositif de renfort exceptionnel a été mis en place. Il est toléré dans l'établissement seulement s'il est accompagné de sa propre éducatrice. » Moi.

Soit.

Je l'accompagne.

Bêtement, je m'imagine à ses côtés sur tous les temps de vie de l'institution. Je nous imagine, ensemble, dans le groupe, ma présence seulement là afin de contenir d'éventuelles pulsions, de probables dérapages. Il n'en est rien.

On me prévient devant le portail.

Il est interdit pour lui d'approcher les autres jeunes.

Il doit constamment être tenu par la main et s'il le faut par les poignets.

Il ne doit jamais être seul dans l'établissement.

Il doit vivre des temps en décalage pour ne pas croiser les autres enfants.

Il ne doit pas interagir avec les professionnels qui en ont suffisamment souffert l'an passé.

Il doit respecter à la lettre son emploi du temps en ma compagnie, et seulement avec moi.

Le ton est donné, le cadre est en place,

Je lui serre la main si fort ce jour-là que je sens ses petits doigts transpirer. Par cette alliance, main dans la main, je te promets de ne pas t'abandonner dans cette ambiance qui t'est si hostile.

Ils ont peur, nous les affronterons ensemble.
Le combat est lancé. L'année peut commencer.

On m'a avertie tellement de fois pendant cette première semaine.

« Il est tout gentil, tout mignon, mais méfie-toi, il va reprendre ses habitudes. »

Je lutte pour ne pas faire de scandale, je me révolte intérieurement, j'explose pendant mes relais, j'y crois plus que jamais.

Je résiste pour ne pas me faire aspirer, pour ne pas laisser la méfiance s'installer et m'envahir.

Je fais confiance à mon petit gars depuis le premier jour.

J'ose lui lâcher la main, je n'ai pas pour habitude de tenir un enfant contre son gré.

Je lui donne de la liberté, je n'ai pas de raison valable pour l'opprimer, je le laisse aller.

Je l'encourage à parler, je suis pour l'expression, je ne veux pas tenir compte des contre-indications.

Je joue avec les règles, j'oublie les consignes, je stimule sa prise d'initiative, je crois en lui.

Mais ils ne sont jamais bien loin les regards angoissés, les traques au règlement, les remontrances déguisées, les messes basses assassines, les ordres décourageants, les protocoles agressifs.

« Attention, reste sur tes gardes. »

Ce jour arrive.

Une semaine de rencontre paisible, et maintenant, une crise incontrôlée éclate.

Dans ce petit bureau exigu où nous passons nos matinées, lui, et, moi. Il explose.

Il hurle, jette les quelques jeux en l'air, lève la main, envoie les pieds, finit par les dents.

Les cris interpellent les autres professionnels de l'établissement qui accourent à trois pour le maîtriser.

Elles m'écartent de la situation, l'assoient, lui serrent les poignets, et crient. La crise finit par se calmer de nombreuses minutes plus tard.

-    *On t'avait prévenue, maintenant prépare-toi, il a repris ses marques, il aura ce comportement tous les jours.*

Quelque peu choquée, les craintes m'envahissent.

Peur de me faire à nouveau frapper, d'avoir mal.

Peur de me laisser déborder, de n'être pas à la hauteur.

Peur de ne jamais comprendre, de ne rien pouvoir lui apporter.

Peur qu'elles aient raison, de voir s'envoler mon innocente candeur qui croit encore que ce contexte médisant le pousse à agir de la sorte.

Leur angoisse est communicative.

Je la ressens, elle ne me quitte plus.
Je me surprends à reculer au moindre mouvement brusque,
Je m'entends hausser la voix de plus en plus souvent,
Je contiens sans cesse mon impatience face
aux crises qui se multiplient,
Je suis démunie face à ma solitude.
Je ne sais plus.

**Les semaines défilent et ce petit garçon du tableau
tient finalement toutes ses promesses.**

Les siestes quotidiennes qu'il fait si facilement à la maison sont impossibles ici. Ces temps se terminent en bataille de poings qui tombent sur mon visage comme une pluie sans fin.

Les activités se résument à de la balançoire. Il s'enferme dedans, n'accepte plus aucune autre consigne. Les mots sont succincts, les phrases n'existent pas, la compréhension reste approximative.

Chaque jour son lot d'agressivité.

Je deviens aveugle
Je subis la situation
Je n'y crois plus.

Un matin sans pareil.
Je commence à 7h00, avec une autre jeune fille. La matinée est dure, très dure.
J'enchaîne à 11h00 avec mon p'tit gars.
Je n'ai pas la force de lutter aujourd'hui.
Tout ce qu'il voudra, il l'aura.

La frustration est terrible, il tape
L'hésitation est troublante, il tape
L'angoisse est prenante, il tape
L'impatience est insupportable, il tape
La nouveauté est effrayante, il tape
L'émotion est inqualifiable, il tape
Aujourd'hui, tu es roi. S'il te plait, ne tape pas.

Tout ce qu'il a voulu, il l'a eu.
Je l'ai poussé, des heures durant sur cette balançoire qui m'est

devenue insupportable.

J'ai fait une pause désespérée sur le siège à balance du même portique, il a souri.

J'étais épuisée, j'ai parlé seule, j'ai chanté à tue-tête, il a parlé lui aussi.

J'en avais marre de pousser, je me suis mise devant lui en l'attendant, il m'a demandée.

Je me suis écartée quelques minutes pour respirer, il m'a cherchée.

Je suis revenue, l'ai poussé, fort, très fort, pour l'amuser, le divertir, tout décharger. Il a ri.

Une matinée entière sans heurts. Je me rends compte
que je ne l'avais encore jamais entendu rire.
Je comprends, je dois lui faire à nouveau confiance et laisser
partir l'angoisse pétrifiante qui m'a été communiquée.

Heure de sieste.

Moment terrible. Instants de stress envahissants pour moi.

Nous sommes, lui et moi, seuls, toujours aussi seuls, dans une pièce où il doit dormir et seulement dormir.

Toutes mes tentatives ont été échec jusqu'à maintenant.

Aujourd'hui, je n'ai pas d'espoir, je n'ai pas d'attente,
il est seul maître à bord.

Je suis épuisée.

Je m'allonge sur le tatami.

Je chantonne une chanson, murmure de petits mots, je ne m'entends presque plus, ma voix peine à sortir. La fatigue m'envahit.

Il s'allonge contre moi, prends mon bras et s'enveloppe avec, mets sa jambe sur la mienne et s'endort.

Je sens ses petits cheveux s'envoler sous mon souffle et retomber me titiller les narines.

Je profite de cet instant que j'imagine court, très court. Je n'ose bouger, espérant le prolonger de quelques minutes supplémentaires. Tant pis pour la distance professionnelle.

J'entends une petite voix chuchoter au-dessus de ma tête. Un petit ricanement et un tendre soupir. *-Réveillez-vous, c'est l'heure.*

Je bondis en un instant et j'éclate nerveusement de rire sous les yeux bienveillants du psychomotricien qui veut récupérer sa salle.

Quarante jolies minutes viennent de se passer.

Petit chat se réveille à son tour, se dépêche de ranger son dou-dou et me presse pour retourner à la balançoire.

Cette pause paraît si banale pour lui, c'est étrangement rassurant.

Cette pause a été si bénéfique pour moi, c'est intensément réconfortant.

Cette pause fut si profitable pour nous, c'est follement motivant.

Les jours suivants ont été remplis de rire,

Les semaines d'après ont été finalement pédagogiques,

Les mois qui suivirent ont été marqués par des évolutions inespérées.

Les crises sont devenues anecdotiques,

Je ne les craignais plus, je les attendais

Elles ne me persécutaient plus, elles me guidaient.

La communication est devenue fluide,

Je ne la devinais plus, je la développais

Ces mots énigmatiques sont devenus phrases pertinentes.

Le comportement s'est adapté,

Je ne lui interdisais plus, je l'encourageais,

Il ne l'envahissait plus, il lui servait.

Petit à petit nous avons, lui et moi, développé notre manière de nous apprendre.

Nous avons, lui, et, moi, instauré nos rituels.

Nous avons, lui, et, moi, construit un relationnel contenant.

Nous avons, lui, et, moi, conquis la confiance des autres.

Il a fait toutes ses siestes depuis ce jour, bercé par les moutons.

Il a attendri les cœurs craintifs par ses chansons murmurées.

Il a envahi de bisous cette institution

qui l'avait pourtant rejeté.

Il a grandi sous mes yeux impressionnés, restés

bien trop longtemps fermés.

Il a adoré les chiens
Il a demandé sans cesse papaoutai
II a chanté incroyablement bien A, A, follow
Il a construit des kapla
Il a usé la balançoire et aussi le trampoline
Il a caressé des tas de joues, doucement
Il a nagé la tête sous l'eau
Il a joué de la lumière
Il a trituré des bâtons
Il a été ce petit garçon de neuf ans qui a eu dix ans.

C'était l'histoire d'une prise en charge mal engagée
qui surfait sur un terrain hostile.
C'était la chronique d'une année d'évolution
où la confiance a tout changé.
C'était un accompagnement que je croyais mener
seule, que j'ai défendu auprès des autres, qui a été
soutenu pour la famille, par une équipe, par des
partenaires, par un responsable, par ma binôme.
C'était une aventure, que dis-je, un challenge
de tous les instants.

La suite a été écrite par d'autres.

* * *

C'EST QUI DEMAIN ?

Petits pieds nus sur carrelage glaçant
Petits yeux clos dans couloir angoissant
-            C'est qui demain ?

Petite tête blonde dans la nuit égarée
Petits bruits sourds dans maison désertée
-            C'est qui demain ?

Petite voix douce dans bureau endormi
Petite bouche sèche aux mots bien définis
-            C'est qui demain ?

Petit homme frêle du haut de ses quatre ans
Se demandait qui serait bien présent
Ces lendemains pour bercer ses tourments.

Petite bouille, haut comme trois pommes, s'est empressé de venir se présenter à moi en affichant fièrement ses petites années du bout de ses doigts déployés sous mon nez. Puis, d'un haussement de sourcil, il s'en est allé affirmant en un instant son petit caractère taquinement sournois.
Son petit zozotement allié à sa gueule d'ange trahissent le berceau tout juste quitté, un reste de balbutiement mal maîtrisé, un zeste de candeur encore bien accroché.

Très vite une relation s'installe. Toujours très avenant et en demande il joue de sa position de « petit du foyer ». Il demande les bras se lovant doucement et tendrement dans cette figure maternelle qui lui manque tant, et, brusquement, il déverse un flot d'insultes provocantes, maladroitement incontrôlables, venant titiller la mère de chacun, la sienne aussi – « *Ma mère la pute* ».

Il s'octroie certaines libertés, flirte avec les limites et dérange nos propres engagements professionnels. Il est le petitou à protéger et celui qu'il faut surveiller de près anticipant toujours les mises en danger qu'il ne sait que trop provoquer.
Il est le titou d'une belle fratrie de deux grands frères qu'il aime tant détester, taquiner et embêter, qui constitue sa stabilité, son repère émotionnel.

**Il est le bébé ange qui d'un haussement de sourcil
se transforme en tyrannique petit garçon.**

Il est le plus inattendu, le plus ambivalent, le plus fragile de tous.
Du haut de ses cinq petites années il doit avancer avec un passé mouvementé et un présent bien peu commun.

Double abandon, si ce n'est triple ; violence ; abus ; mensonges ; drogues ; justice ; déracinement, un vocabulaire bien lourd qui résume son petit bout de vie. Auxquels vont s'ajouter sous peu prison, séparation ultime, mutilations et psychose. Petitou de cinq ans sera, demain, plongé dans un chaos émotionnel brutal, dénué de sens.

Loin de ses parents, il compte les dodos avant de les retrouver certains week-ends.
Il tente d'appréhender le temps en se créant des repères instables qui finalement le fragilisent, le désorientent.
Entouré d'autres enfants, de tous âges, au quotidien, il essaie de se faire une place dans un collectif déchaîné sans intimité possible.
Emporté dans un tourbillon émotionnel et un tsunami rythmique il fait de son mieux pour être.
Chouchouté par nous, adultes, éducateurs, il cherche un repère, une stabilité, une épaule au long terme.

Il se construit des rituels pour faire face à ses tempêtes
instables qu'il met pourtant à mal à la première occasion.
Un seul tient.
Un seul a son importance.
Un seul le rassure.
Un seul est contenant.
Son seul rituel est une question.
« C'est qui demain ? »

La première fois que l'on fait face à ce questionnement on est surpris. Un si petit bout n'a d'ordinaire pas de raison de demander ce genre de chose. Il vient questionner par cette interrogation notre organisation d'équipe, le turn-over, le fonctionnement interne, notre rôle d'adulte référent.
Mais il vient surtout se rassurer, se projeter, savoir qui viendra le réveiller, qui lui fera son premier bisou, qui le prendra dans ses bras.
On répond en souriant faisant paraître cette question sans incidence, jouant le jeu de la banalité.

La deuxième fois,
On se rend compte de la portée globale d'une telle question qui prend un sens poignant dans la bouche d'un enfant, si jeune.

La troisième fois,

On s'interroge sur l'étendue des impacts que peut procurer un placement en foyer. Ces petits riens nous rappellent à l'humanité inhérente à notre profession.

Nous exerçons un métier, pendant qu'eux, vivent.
Nous partageons un même lieu dans lequel
nous sommes de passage, pendant qu'eux,
tentent de s'y ancrer, de s'y construire.
Nous en partons tous les soirs, pendant qu'eux, restent.
Nous revenons certains jours, et eux, sont toujours là.
Nous sommes trois, cinq, dix par jour à
nous relayer. Ils sont un.

La quatrième fois,

A 22h00, quand il se relève de son lit, qu'on entend ses petits pieds nus descendre les marches glacées, qu'on voit sa petite tête blonde aux cheveux ébouriffés dépasser du bureau, qu'on plonge étonné dans ses petits yeux à peine entrouverts et qu'on s'entend poser toujours cette même question – *C'est qui demain ?* – on tend les bras et on répond. Encore.
Il retombe instantanément en sommeil dans ces mêmes bras qui n'avaient pas pu lui donner sa réponse quelques heures plus tôt face à sa plongée soudaine en somme à l'heure du repas qui lui a valu un couché précipité, en avance, sans un mot.

La cinquième fois,

On devance sa question, on répète à tout va, on en parle souvent, on tente de répondre à ses angoisses avant qu'elles n'apparaissent mais il n'entend pas.
Il se couche, prend son doudou, se laisse envahir de bisous, ferme ses yeux, se met en boule, se retourne et d'un œil ouvert demande une dernière fois – *C'est qui demain ?*

Rien n'y peut, sa question se doit d'être posée, qu'importe les situations, qu'importe la journée, qu'importe l'heure, il doit avoir sa réponse avant de plonger en abime.

Son demain se prépare aujourd'hui.

* * *

BARREAUX SOUS LA MER

Nous venons d'apprendre une terrible nouvelle.
J'aurais préféré ne pas travailler ce jour-là mais parfois on ne contrôle pas, on doit juste faire face, affronter et annoncer.

« Allons tous les quatre dans la chambre, j'ai à vous parler. »
Ton qui se veut rassurant, gestes incertains, l'heure est grave.

Je me retrouve en tête à tête avec trois petits bouts de cinq, sept et quatorze ans qui ne savent pas encore que leur vie va être bousculée, que leur quotidien va être chamboulé, que leurs émotions vont être mises à rude épreuve.

Ils ne s'attendent pas à une information aussi difficile à entendre.

« Nous venons d'avoir des nouvelles de maman, elle vient d'être arrêtée par la police, elle rentre en prison aujourd'hui ».

Les deux petits se tournent vers leur grand frère qui fond instantanément en larme. Le plus petit ne comprend pas il veut retourner jouer avec les autres. Le troisième commence à poser des questions, à vouloir comprendre, il ne réalise pas encore.

Comment annoncer une telle nouvelle sans qu'elle soit dévastatrice ? Comment accompagner chacun dans sa douleur sans renforcer le drame ? Comment expliquer une même chose à des âges et des maturités différentes ? Coller au concret, accueillir les questions, rester dans la réalité, adapter les mots, ouvrir un espace sécurisant, autant d'éléments à prendre en compte lors d'un entretien si délicat.

Le grand comprend. Il sait ce qu'est une prison, ce qu'est la police, ce que sont les conséquences. Il est effondré et se sent immédiatement investi d'une mission de protection envers ses petits frères. Comme il le disait déjà, ils sont seuls ici, maintenant il leur explique qu'ils sont seuls aussi dehors, mais que lui, est là et sera toujours là pour eux. Ses mots sont durs, ils sont sa vérité, sa façon d'affronter la triste situation. Il serre fort ses deux frères dans ses bras, ils prennent conscience que quelque chose se passe mais n'ont pas encore compris.

Des questions d'enfants surviennent. Un besoin de comprendre, de visualiser, de trouver des réponses, de donner du sens. Certaine sont pleines de naïveté, de candeur, d'impartialité émotionnelle, de légèreté ce qui éloignent un temps la gravité de la situation.

La première question tourne autour des menottes, il leur est important de savoir si maman les a eu aux poignées. Il leur fallait savoir aussi si elle avait été dans le camion de police. Ensuite ils ont voulu comprendre pourquoi elle avait été arrêtée par la police. Malheureusement nous n'avons aucune de toutes ces informations.

Puis est venu le temps de comprendre où maman était réellement. La prison ils ne savent pas ce que c'est. Difficile d'imaginer un environnement à partir d'un mot que l'on ne comprend pas. Elle va maintenant vivre dans un endroit où il y a plein d'autres mamans, d'autres femmes. Ils s'intéressent immédiatement à la salle de bain. Ils veulent savoir si maman va pouvoir se laver, si elle a du savon, si elle a des chaussons. Ils se demandent si elle a un lit à elle, un grand ou un petit, si elle dort toute seule ou avec quelqu'un d'autre dans la chambre. Et finalement en recoupant les informations le petitou en déduit qu'elle sera comme eux, en foyer mais pour les mamans sauf que, elles, elles ont fait une bêtise punie par la loi. Le voilà rassuré. Maintenant qu'ils ont une idée précise de son cadre de vie, ils se demandent quand est ce qu'ils pourront aller voir sa chambre et si « prison » c'est une grande ville à côté de la nôtre.

Avant d'aborder le quand qui va être délicat, j'essaie de situer dans l'espace cette prison qui n'a rien d'une ville. Elle est dans notre ville, pas très loin d'où on est. C'est encore trop flou, petitou demande si elle est à côté de la pizzeria devant le foyer. Non, mais elle est à côté de la mer, nous habitons une ville bordée par la mer, et la prison est vers là-bas. Ils s'entraident au travers de leurs souvenirs et arrivent à comprendre. La prison est dans la même ville que nous, près de la mer, à côté de la colline. Petitou pense alors qu'il va falloir attendre l'été pour aller la voir parce qu'avant il fait trop froid pour traverser la mer. Attendrissant et tristement irréel, tout est bien trop fictif pour un enfant de tout juste cinq ans.

Parlons concret, maman vous ne pourrez pas la voir avant que le juge ne donne son autorisation. Malheureusement ils ne connaissent que trop bien ce jargon. Ils questionnaient la police, mais le juge c'est leur quotidien. Ils commencent à comprendre que ça va être long, et sûrement très long. Ils devaient voir maman ce weekend, ils se rendront compte samedi matin qu'elle ne viendra pas les récupérer ni ce samedi, ni les suivants.

Le grand console ses frères et décide de faire des dessins à maman tous les jours. Petitou est fatigué, il veut retourner jouer à sa console. Il ne peut plus rien entendre, il part en courant.

Au moment où il court rejoindre les autres, le grand me fait part de son besoin d'intimité et de discrétion, il ne veut pas que ça se sache pour le moment, il en informe son petit frère resté avec lui qui est d'accord. Au même moment, petitou hurle à qui veut entendre que sa maman est en prison.

Une émulation se crée et le grand pris de colère, encore sous le coup de l'émotion, se rue sur son petit frère avec violence et détermination. Il se sent trahi, il a honte, il ne voulait pas assumer tout de suite, il ne voulait pas que l'ensemble de sa vie change trop rapidement et son petit frère vient de dévoiler sa plus violente intimité à son insu.

Une fois isolé et apaisé, le grand finit, par choix, la soirée dans sa chambre.
Petitou, lui, alterne phase de mutisme en câlinant son doudou et insultes envers toutes les mères de tous les enfants et éducateurs. Bien sûr chaque enfant ayant sa propre histoire, chaque insulte déclenche des crises, des pleurs, des coups. Mais petitou tombe de fatigue, il fait semblant de tomber de sa chaise et s'endort finalement par terre en moins d'une seconde. Une fois au lit après un trajet au bras, il murmure un - *c'est qui demain ?* il pleure et se rendort profondément.
Et notre petit bout de 7 ans, endosse le rôle de protecteur de la soirée, il répond à toutes les questions de ses camarades, il s'en va rassurer son grand frère, il va faire un bisou à son toupetit, et continue à nous poser une ribambelle de questions, intrigué, curieux, détaché et amusé de savoir que maman allait dormir comme lui dans la même maison que d'autres personnes.
La soirée se termine là.

Le lendemain après-midi, les enfants rentrent de l'école.

Petitou me voit, s'effondre en pleure, cours dans mes bras et crie avec désespoir
– « *Maman va mourir, je veux pas que maman elle va mourir.* »

Je ne comprends pas, j'accueille ses larmes et le questionne sur cette affirmation si terrible.

Il m'explique larmoyant, sanglot faisant, que maman allait mourir
– « *Elle ne peut pas respirer dans la mer, elle va mourir.* »

Et là, je comprends.
Je n'ai pas mesuré la portée des mots.

Il a compris que prison n'était pas une ville,
Je croyais qu'il avait compris que la prison était dans notre ville entre mer et colline,
Mais il a compris que la prison était dans la mer, sous l'eau, sous la colline.
Et il a raison, sous l'eau on ne peut pas vivre.
Il a dormi et vécu toute une journée avec cette certitude, fausse bien-sûr, mais tellement vraie pour lui.

Petitou va affronter de grandes crises émotionnelles ces prochaines semaines, il va osciller entre inertie et violence. Il va s'exprimer par les cris et les coups, les crises et les poings.
Petit bout de 7ans va trouver un équilibre là-dedans, n'aura de cesse de questionner, de chercher à comprendre, de rassurer ses frères, de tenter la communication avec maman au travers des dessins et des mots, il va jouer au fils exemplaire pour qu'elle soit fière de lui quand elle le saura. Il s'accroche à une future visite.
Grand garçon aura du mal à gérer ses émotions, d'abord positionné en grand frère protecteur, il s'est détaché de ce rôle se recentrant sur lui, ses émotions et son chemin. Il a failli se perdre en route et s'est relevé en cherchant en l'adulte de nouvelles références. Il demande de plus en plus d'autonomie, de plus en plus d'indépendance, a besoin qu'on lui fasse confiance.

Chacun a mis en place sa stratégie de défense, sa méthode pour faire face, tous ont composé avec ce qu'il pouvait.

**Leur vie commence avec de grandes expériences,
à eux d'écrire la suite.**

* * *

RETOURNE-TOI

Non, ne te retourne pas,
Juste écoute-moi.
Recule d'un pas, assieds-toi, oublie-toi,
Juste écoute moi.
Ne pense plus, ferme les yeux, laisse-toi bercer,
Juste écoute-moi.
Reprends espoir, sors de ce noir, ressens ton corps,
Juste écoute-moi.
Entends ton souffle, sens cette brise, goûte à cette heure,
Juste écoute-moi.

Oui, la vie est rude. Elle ne t'épargne pas. Et c'est vrai qu'elle s'acharne.
Oui, ta vie est sombre. Elle se déchaine sans répit. Tu as le droit de pleurer.
Oui, la vie est terrible. Elle te provoque sans relâche. Et c'est vrai qu'elle n'est pas tendre.
Oui, ta vie est agitée. Elle ne prévient jamais. Tu as le droit de t'effondrer.

Raccroche-toi à tes deux autres qui voient en toi la force d'avancer. Ces deux p'tits frères qui t'aiment tant ont besoin de croire que tout ira enfin très bien.

Fais-le pour eux, recule-toi.

Garde en mémoire les souvenirs de cette maman qui vit non loin sous ces barreaux. Fais-la revivre dans tes pensées en attendant de retrouver cette maman que tu connais.

Fais-le pour elle, relève-toi.

Cramponne-toi à ce que tu vois, à ce que tu entends, à ce que tu apprends. Un jour tu seras grand et ce petit que tu étais seras un exemple pour ce gaillard qui pourra alors tout affronter. Pense à plus loin, même si maintenant semble sans issue.

Fais-le pour moi, écoute-moi. Retourne toi.

Redresse-toi, reviens vers nous. Je te le dis, la vie est rude mais surprenante et envoutante. La mort n'est pas l'issue fatale que tu dois prendre. Mon petitou, tu as treize ans, ta vie est dure mais crois en elle.

Fais-le pour toi, reprends espoir.

Ces mots posés là j'aurais voulu, deux ans, avant les lui donner. Ce petit gars au ventre rond, aux joues rosées, aux cheveux blonds a encaissé, a supporté, a avalé tous ces obstacles de la vie. Un père absent, une vie violente, une mère droguée. Il a connu, lui et ses frères tout cet enfer pour atterrir dans un foyer. Il a repris gout à la vie, toujours fragile il ne pouvait plus affronter le lourd dessein qui arrivait.

**Un jour d'automne au téléphone le couperet
tombe, maman part en prison.**

Son monde s'effondre, cette maman déviante - aimante, était son repère et l'abandonne. Encore.
Il devient grand ce jour d'automne.

Il ouvre son aile à ces deux frères de cinq et sept années de vie.
Ces mini bouts, choqués, brisés, s'effondrent aussi mais sans comprendre.

Le tout petit hurle à la mort, se scarifie et pleure sans fin.
Le grand petit lui il subit, se réfugie dans aujourd'hui sans lendemain.
Le grand garçon de mon histoire cherche la mort, - *Reviens gamin.*

* * *

NUIT DE DÉBAUCHE

« Prépare les mouchoirs. »

Voilà comment nous nous sommes quittées la veille avec ma collègue. Demain sera notre dernier jour, à toutes les deux.
On est de soirée et on sait déjà comment va se terminer cette journée riche en émotions quand les petits seront couchés.

Nous avions prévu un dîner festif pour marquer
le coup mais n'avions absolument pas envisagé
ce qui allait réellement se passer.

Notre intention de départ était de leur faire plaisir. Nous avions préparé en secret un repas avec tous leurs aliments préférés qu'importe le budget, tant pis pour l'équilibre alimentaire, oubliés les codes de bienséance.

Ce soir c'est la fête.

Crevettes pour les uns, feuilletés de canard pour les autres, plateau de fromage, bonbons pour tous et cochonneries en pagaille. Buffet à volonté. Ce soir personne ne s'assoit, on mange debout, avec les mains et on danse.
Seule condition, on veut que les devoirs soient faits avant, que tout le monde soit lavé et en pyjama pour qu'une fois la fête finie, les dents et au lit.

Ce soir-là tout est allé très vite, nous n'avions rien à redire, ni à hausser le ton, ni à répéter, ni à punir, ni à crier, ni à courir. Étonnement, nos neufs bambins d'ordinaire indisciplinés, speed, ronchonchons et fainéants, étaient au garde à vous. A l'heure indiquée, tous étaient prêts, frémissants d'impatience.

L'ouverture du buffet est lancée sous leurs yeux émerveillés en découvrant la salle à manger toute ré-agencée pour l'occasion. Seule consigne – *amusez-vous* – Vous pouvez tout salir, hurler, danser, crier, bouger partout, aucuns interdits on s'occupe des dégâts. Soyons fous !
Folle, cette soirée l'a été.

Ça aurait pu se terminer là, mais...
Le repas bat son plein, la musique résonne dans la grande pièce, les chants et cris se font entendre et parmi ce vacarme un des enfants vient nous voir avec un paquet de confettis que l'école lui a donné le jour même. Il n'a pas eu le temps d'ouvrir la bouche, de demander quoi que ce soit, qu'en un regard accompagné d'un éclat de rire simultané avec ma collègue nous lançons la mission bataille.
L'une part chercher le stock secret de confettis du placard, l'autre rassemble les troupes.
Les yeux écarquillés ils ne s'attendaient pas à voir leur requête si vite acceptée et bien plus amplifiée.
Tout le monde met ses chaussures, met son manteau, s'arme d'un gobelet rempli à ras bord et nous suit en rang d'oignon bien discipliné ébahi par cette tournure inattendue et inespérée.

Il est 19 h 30, les rues de la ville sont encore très vivantes et voient débarquer neufs petits loustiques à la dégaine particulière, pyjamas pilous, chaussures dépareillées, manteaux en vrac.

Top départ que la bataille commence.

Un quart d'heure de franches rigolades encouragées par les passants interloqués et le barman d'en face fasciné. La rue subit nos ravages, elle s'orne de milles couleurs et d'un tas de petits éclats de rire.

Retour à la maison, qui recueille les vestiges de cette sortie nocturne, pour se jeter sur le buffet un temps délaissé. Tout le monde troque ses chaussures pour les chaussons et c'est reparti pour un tour.

Alors que nous pensions bientôt clôturer la soirée, 20 h 30 approchant, nos fins de service étant respectivement 21h et 22h, nos petits loups avaient eux aussi envie de nous faire une surprise. Ils décident de nous improviser un spectacle.

Ô joie, Ô désespoir, on sent bien que l'on s'engage dans de la haute voltige, mais on ne peut refuser. Tant pis pour les heures sup', ce soir on ne compte pas.

Ils nous congédient dans le bureau, lieu dans lequel ils ne supportent pas nous voir d'ordinaire, ils nous y enferment avec un garde à l'entrée. Seule condition, quinze minutes de préparation maximum.

On rit jaune dans le bureau, touchées, surprises mais terriblement anxieuses à l'idée de laisser le groupe seul autant de temps, eux qui passent le plus clair de leurs journées à se chercher querelle déclenchant chaque soir un nouveau drame.

On les entend courir, monter dans les chambres, crier au désordre, appelant à la créativité. Et voilà que l'on vient nous chercher dans un silence assourdissant. On rentre dans la pièce et chacun à son poste nous accueille et nous invite à nous asseoir face à la scène improvisée.

Que le spectacle commence.

Nous sommes décontenancées face à ce qui se déroule sous nos yeux.

Chacun a préparé un numéro qui lui ressemble, qui fait appel à ses propres savoir-faire.
Tout le monde s'entraide et s'encourage.
De la magie, du chant, de la danse, du karaté, du théâtre, du dessin, des devinettes, une chorégraphie finale, chacun y est allé de son talent.
Les numéros s'enchaînent les uns après les autres, nous récupérons les artistes à la fin de leur prestation sur nos genoux, des tas de petits pyjamas s'animent sous nos yeux brillants. Une séance photo vient clôturer ce merveilleux spectacle.
La fierté dans les yeux de tous, la joie explose, les larmes coulent.
Ce flot d'émotions nous rappelle à la réalité, ce soir c'est la fin.

21 h 30 bien tassées. Pendant que les uns se lavent les dents, que les autres remontent en chambre la pagaille du spectacle, nous attendons la veilleuse de nuit qui prendra notre relais en faisant le ménage de cette soirée magique que l'on croyait finie.
C'était sans compter le retard de l'une et les envies toujours plus grandes de profiter de chaque instant des autres.

Tout le monde est prêt à aller au lit, on boit la dernière tisane avec eux en attendant tous ensemble la veilleuse. Le grand nous invite à partager ce moment dans la cour. Bonne idée, elle fait neuf mètres carrés, il y fait froid, mais a neuf pyjamas pilous et deux adultes aux bras cocoonings on se tiendra chaud. C'était sans penser aux idées avec arrières pensées de notre grand garçon. Qui dit cours, dit trottinettes, vélos, rollers...
Petits regards suppliants...
... Nous cédons.
Perdu pour perdu.
Que la course commence.

Chacun empoigne son bolide et le vacarme se déclenche. Cette mini cour se voit mise à mal par des tamponnades brusques, impulsives et incertaines qui entraînent chutes, rires et hurlements. Les voisins ont l'habitude du bruit par ici, mais là... On éclate nous-même de rire à la vue de cette situation qui dérape complètement, qui devient de plus en plus cocasse et imprévisible.

Mais l'heure nous rattrape. Il est 22h30. Nous sonnons la fin par le premier départ. Ma collègue, que dis-je mon binôme, mon amie, ne peut rester davantage.
Pendant ses au-revoirs déchirants j'appelle la veilleuse qui avait oublié son jour de travail et qui venait de se mettre au lit. Elle saute dans des vêtements et sera là d'ici une heure. Je sais que pour moi la soirée va être encore longue.

Nous mettons les petits au lit pour qu'ils aient leurs derniers bisous dodo.

Je reste avec mes huits petites têtes qui dépassent des lits quémandant davantage de câlins et de bisous. Ne pouvant me scinder en huit pour satisfaire tout le monde en même temps, je leur propose de me mettre dans le couloir où chacun pourra avoir un œil sur moi pour leur chanter des chansons.

Petit concert improvisé.

Petite chanson de Disney que tous connaissent, les plus grands chantonnent avec moi, les plus petits ferment tour à tour leurs petits yeux. Au fil de la chanson je vois les petits corps s'enfoncer sous la couette, les paupières frétillent pour résister une seconde de plus mais cèdent peu à peu à la fatigue pour doucement se fermer, les grands succombent et plongent à leur tour dans un profond sommeil.

Un seul résiste.

Il a sept ans. Ses petits doigts soutiennent sa tête pour ne pas tomber. Il dépasse tout juste de son lit haut perché. Ses yeux sont tous mouillés, une larme s'en échappe. Il lutte terriblement pour ne pas flancher.
J'enchaine avec du Barbara. Une chanson de grand mais du haut de ses sept petites années il recevra toute la douceur de ces mots.

« qu'importe ce qu'on peut en dire, je tenais à vous le dire, ce soir je vous remercie de vous »
Ses petits yeux mouillés ont laissé couler leurs larmes en se fermant une dernière fois sur ces mots. Sa petite joue

humide garde les traces de ce passage d'émotion.
Je finis sur ces mots allant embrasser une dernière fois mes petitous, recueillant tendrement leurs larmes sur leurs petites joues humides cachant les miennes au sombre de la nuit.

Je me retourne pour partir et je vois sur les marches le grand de quinze ans qui était venu discrètement assister au concerto larmoyant alors qu'il devait rester en bas pour se préparer à aller au lit. Résultat il est étalé sur les marches, endormi. Petit réveil douceur, je l'accompagne à sa chambre du bas, et je l'endors avec une dernière chanson.

23 h 45 la veilleuse arrive désolée pour ce manquement qui finalement avait été nécessaire et merveilleux.
Un départ bien en retard.

* * *

THÉORIQUEMENT PRATIQUE

É ducatrice, je le suis pour eux, je le deviens pour moi.
Premier poste d'éducatrice. Mon chemin professionnel commence à peine.
Ces premières années sont synonymes de mises en pratique de la théorie si durement apprise et pas toujours assimilée. Tant de questions persistent, tant d'incompréhensions, de désillusions et de découvertes. Ces premières années sont riches en

apprentissage, tous les instants et tranches de quotidien sont formateurs.

Positionnement, distance professionnelle, place, rôle et statut. Tant de mots qui s'amoncellent depuis la première année de formation. Ils sont importants, ils doivent être assimilés, ils doivent même être appliqués, mais... ce n'est pas si simple.
Les comprendre. Voilà la tâche la plus compliquée.
Comprendre tout ce qu'ils englobent, tout ce qu'ils sous-entendent, toute leur symbolique.

Il est très facile de mettre de la distance, de crier haut et fort ce que nous sommes, ce que nous faisons.
Mais instaurer un avant et travailler le pendant ; insinuer pour faire comprendre ; juste être là. Peut-être est-ce ça la clé.

Puis, un jour comme un autre, sans t'y attendre, tu sais que tu as compris.
Comme toujours, ils sont là pour te rappeler au réel.

Cette histoire commence en cuisine.
Entre recettes, stylos, mesures, ingrédients, listes, l'activité se met en place.
Il est temps de se rendre à l'étape d'après, les courses.
Direction le magasin avec les trois chefs du jour. Ils sont motivés, surexcités, très investis.

La tête dans les nuages, leur engouement leur fait perdre le sens de l'orientation.
Les yaourts ne sont pas au rayon fruits et légumes, les surgelés ne sont pas rangés avec les brioches, le lait n'est pas entreposé avec les produits ménagers, le soda n'est pas avec le petit dej'.
Remettons un peu d'ordre dans tout ça.

Chacun sa tâche, chacun son produit phare,
ils courent à travers les rayons, à celui qui trouvera en premier.
Le premier vient de pointer son nez.
Tout fier d'avoir trouvé le chocolat, il reste à côté de moi pour chercher le fromage.

Il tourne la tête.
Un élément perturbateur pointe son nez.
Il fixe du regard.
Détourne la tête.
Rougit.
Je lui parle mais étourdi, il me répond à côté.
Je m'intéresse alors à l'objet de toutes les convoitises.

Une jeune fille.

Belle, élégante, talons hauts, superbe robe, cheveux
brillants, maquillage soigné.

Je le taquine. Les jolies demoiselles lui font bel et bien tourner
la tête.
15 ans oblige.
Il revient sur terre. Rougit de plus en plus, tourne le dos à la
jeune fille et me suit.

Je lui souligne qu'elle est très jolie.
Il me répond que je suis bien plus jolie qu'elle.

AÏE.
Ça y est, la barrière vient-elle d'être franchie ?
Comment vais-je me sortir de cette situation ?
Pas de place pour la flatterie, l'inquiétude me gagne.
Je n'ai pas su mettre assez de limites, la ligne vient d'être traver-
sée.
J'ai peur de ce qu'il va me dire ensuite.
Un frisson me traverse, j'appréhende, je retiens mon souffle,
j'imagine tous les scénarios et rebondissements qui peuvent ar-
river. Quelle suite ?

*... « Mais tu es mon éducatrice je sais, les éducatrices c'est pas
comme les autres filles, tu es jolie mais je ne veux pas te draguer. »*

OUF.
La magie a opéré.
Finalement, tous ces mois ont permis de construire cette dis-
tance et ces limites invisibles, jusqu'à ce jour où.
Des détails, des petits riens qui ont permis d'instaurer ce rela-

tionnel.
Des gestes du quotidien, des réponses pertinentes, un accompagnement régulier, mon positionnement est clair à mes yeux
et de toute évidence à ses yeux aussi.

Il se sera retourné trois ou quatre fois encore sur cette jolie
jeune fille, sans oser lui parler.
Ses premiers émois amoureux.

Il accompagnera toutes mes journées courses.

* * *

FENÊTRE SUR COURS

Cette histoire a quelques années maintenant.
J'étais encore en formation pour devenir éducatrice.
J'aime me dire que rien n'arrive par hasard, même si le contraire, où il endosserait tout, me plaît aussi.
Qu'il soit derrière tout ça ou non je l'aime autant qu'il me fait peur.
Ce jour-là, hasard de calendrier ou non, être éduc' m'a bien aidé.

Un matin comme un autre.
Jour de stage comme un autre.

Flemme et démotivation, j'utilise mon statut de femme pour m'inventer des menstruations douloureuses et faire farniente au lit. Tant pis pour l'éthique, ce matin-là, l'humeur n'est pas au rendez-vous, *vaut mieux pas trop venir me chercher.*

À vrai dire sans me chercher, elle, m'a trouvée.

Chocolat chaud, cheveux en pétard négligemment entortillés, pyjama informe, emmitouflée dans mon pilou tout doux, je m'affale sur le canap'. Objectif de la journée : grignotage bonbec / chips, siestes, télé à gogo, série non-stop, enchaîner du Grey's anatomy épisode par épisode à n'en plus finir.
Journée parfaite pour faire le break dont j'avais besoin depuis un bon moment.
Téléphone éteint, rideaux fermés, je ne suis là pour personne.
Ou presque...

... On n'est pas toujours maître de ce qui nous arrive, même quand on pense avoir tout bien rodé.
Petite parenthèse technique qui va avoir son importance.
J'habite alors dans un immeuble d'architecte, tout biscornu, aux couloirs interminables, aux mille portes, aux étages qui n'en sont pas vraiment. Vu du ciel il s'agit d'un grand ovale divisé en deux cercles abritant chacun des cours intérieures aux accès condamnés.
Niveau vis à vis, on ne peut pas faire pire qu'ici.
Appartement qui se veut lumineux par ses sept fenêtres en enfilades, qui, finalement, ne fait absolument pas entrer de soleil. Habitant au deuxième niveau, j'ai l'ombre des sept étages au-dessus de moi. Donc sept fenêtres qui ne m'offrent qu'une vue sur mes charmants voisins.
Niveau ameublement, j'opte pour le méga canap' sous les mégas fenêtres.

Il est temps de repréciser que les fenêtres ne sont absolument pas accessibles, étages obligent.
Enfin... c'est ce que je croyais...

Un toit de préau branlant, percé et vétuste me sépare de l'appartement d'en face mais qui s'y aventurerait ?!
Et bien... elle.

Je reprends le cours de ma journée.
Je m'empiffre de gâteaux, les yeux à moitié ouverts, les cheveux en vrac, toujours affalée dans mon canap. Je savoure le rien et

me délecte de la situation.

– Quand j'entends toquer. –
Qu'importe, je ne me laisserai pas distraire. Voisin passe ton chemin, choisis une autre porte.
– Toc de nouveau. –
Étrange, ma porte ne fait pas ce bruit d'habitude. OK, Grey's mets-toi en pause.
– Toc de nouveau. –
Frissons immédiats, ce n'est pas la porte qui me parle mais la fenêtre.

Angoisse totale.
Le cauchemar de la main ensanglantée qui dépasse d'une fenêtre d'ordinaire inaccessible, mise en lumière par l'orage qui gronde au beau milieu d'une forêt sinistre. – *Évidemment, il ne s'agit pas de ce contexte, mais bel et bien d'une main, que j'imagine derrière mes rideaux fermés.* – Le film se déroule sous mes yeux. Ce moment s'apparente toujours au courant qui se coupe, aux bruits inhabituels qui se font entendre, aux crissements de parquet, aux téléphones sans réseau. – *C'est évident, le pire va arriver.* –
Notre héros fantastique se précipiterait dans la cave pour tenter de remettre l'électricité, se donnant toutes les chances pour affronter ses peurs, pendant que nous lui crions derrière notre écran de ne pas y aller ! Le méchant se trouve toujours dans la cave ! On tente de le raisonner, il faut appeler la police, ne pas rester seul, ne jamais tourner le dos, mais il n'en fait qu'à sa tête, il descend toujours à la cave et s'ensuit une série d'atroces péripéties. Nous pestons devant notre poste de télévision, nous baissons le son, nous fermons un œil, nous ne serions jamais allés à la cave.
– Toc de nouveau. –
Ce jour-là, j'avais le choix, ouvrir mon rideau ou non.
– Toc de nouveau. –
OK, courage affrontons, je suis ce super héros si stupide qui décide de descendre à la cave. **J'ouvre le rideau.**
Évidemment le sang n'était pas de rigueur, ni la foudre, ni même la forêt, mais la main...

Elle y était bel et bien.

Stupeur.
Un tout petit poing tremblant continuait de cogner la vitre.
Maintenant que le rideau est ouvert, hors de question de faire marche arrière.
Ni une, ni deux, Fenêtre ouverte, je me penche et que vois-je ?
Une jeune fille en pleurs, avec à ses pieds, deux gros sacs...

Stupeur.
« *Heu, bonjour, tu as besoin de quelque chose* ? » – Ok, question stupide.
Elle pleure et me presse pour que je l'aide à monter chez moi.
J'embarque les sacs, je la tire par les poings, je jette un œil à droite, à gauche, en haut, en bas, hop dedans. Vite fenêtre fermée, rideaux tirés.

Stupeur.
Je me retrouve avec une petite gamine en pleurs sur mon canapé.
Grey's est toujours en pause, mes biscuits à moitié croqués, mon pilou devient insupportable à porter. Il fait soudainement chaud, très chaud. Il m'est alors difficile de tenir debout, tout mon corps tremble comme une feuille. On fait quoi maintenant ?
Grande question, l'aventure peut alors commencer.
 Petit point technique sur le contexte social de mon immeuble. Situé en plein centre d'une ville agitée à la réputation peu reluisante, cet immeuble est particulièrement en mouvement.
Là où moi je vois de la vie, une activité nocturne exaltante, un mouvement de population constant revigorant, des opportunités de rencontres passionnantes, un cadre de vie dynamique et des commodités arrangeantes ; d'autres y voient de la drogue, de l'insalubrité, de l'insécurité, du danger et des cafards.
Disons que personne n'a vraiment tort dans ce débat.

Cet appartement a vu défiler les plus belles années de ma vie d'adulte, mais m'a aussi fait vivre de sacrées expériences.
Voisinage plus que bruyant et violent, insultes pour réveil, violences conjugales à proximité, alarmes incendies innom-

brables, gardien d'immeuble quelque peu « spécial », j'en passe
et des meilleures.

Fort de sa réputation, cet immeuble est équipé de dizaines
de caméras quadrillant tous les couloirs et le hall qualifié de
coupe-gorge par tous. Elles sont reliées aux postes de télévision
de tous les appartements, chacun peut y aller de sa petite curiosité malsaine en libre-service.

La jeune fille pleure toujours sur le canapé.
On se ressaisit, je la presse pour me raconter sa version de l'histoire pour prendre de rapides décisions.
« Merci de m'avoir ouvert, je peux partir ? »
« Heu, quel âge as-tu ? »
« 16 ans » – Ah non tu ne sors pas ! Tu es mineure, hors de question que je te laisse dans la nature. Raconte-moi ton histoire et
on avisera.

> *« Mon père me séquestre à la maison depuis mon anniversaire,*
> *il m'a confisqué mon téléphone, et m'enferme dans ma*
> *chambre. Je n'ai droit de sortir que pour manger et me laver.*
> *Il frappe ma mère et ma petite sœur. Je ne sais plus quoi*
> *faire. Il est parti au marché alors aujourd'hui je fugue »*

– Hum. OK.

Hors de question que l'on reste une minute de plus chez moi, le
temps d'enfiler un jeans, un t-shirt et on s'en va toutes les deux.
Je file dans la chambre, je tremble toujours, même une feuille
n'aurait pas pu trembler plus, je suis aux aguets du moindre
bruit. Il est temps d'élaborer une stratégie.

Place aux préjugés et aux réactivités spontanées.
Mille et une choses défilent dans ma tête durant ce laps de
temps. Tous les scénarios sont élaborés. J'entends déjà mes
proches réagir, j'imagine les peurs de mon entourage se réaliser,
je spécule sur les réactions que chacun aurait dans cette situation, mais je suis seule.
Pas le temps de téléphoner. Je réfléchis à toutes les options et
les films les plus sordides se déroulent en arrière-plan dans ma
tête.

Je résume.

Père violent. Voisinage agressif. Caméras dans tout le bâtiment. Gamine mineure. Fugue. Contexte urbain particulier. Centre-ville. Immeuble sujet à discorde. Bref, On fait quoi ?

J'imagine le guet-apens que ça peut être.
Et si quelqu'un avait vu la gamine rentrer ici ?
Et si c'était un coup monté pour me faire sortir et me cambrioler ?
Et si là où je l'emmène, sa famille, ses amis m'attendent pour me casser la gueule ?
Et si je la laissais partir seule ?
Et si son père en déduisait qu'elle était ici et venait me tuer ?
Et si alors qu'elle est sous ma responsabilité elle meurt ?
Et si l'affaire tourne mal ?
WOh ! WOh ! WOh ! Stooop !

On se ressaisit, on stoppe la paranoïa. On laisse les angoisses de côté.
On se concentre.
Tête froide, soyons responsable et raisonné.

La gamine est en danger, il faut agir, advienne que pourra.
Réaction rationnelle, on s'éloigne du lieu danger et on avisera plus tard.
Mais au fait, j'oubliais une question essentielle
« Mais tu comptais faire quoi après être sortie de chez toi ? »
Elle pleure toujours.
Elle me répond qu'elle comptait aller chez le frère de son amie.
Très bien, dirigeons-nous vers chez lui et nous aviserons.
La route porte conseil.

On passe par derrière pour éviter au maximum les caméras.
On prend un chemin détourné pour éviter les surprises.
Hop dans le métro.

La tension redescend.
Je réfléchis.
Hors de question que je l'emmène chez cette personne.

Je ne le connais pas, je ne sais pas ce qu'il peut faire, je ne veux pas être responsable de ça. Allons boire un coca et discutons.

Enfin au bar.
Aucun client, nous sommes seules.
Deux cocas et c'est parti pour une heure de conversation.
Je pose le contexte.
Je suis éduc', je connais quelques trucs juridiques, j'ai quelques pistes en tête pour la suite des événements mais il faut que j'en sache plus pour agir.

Que s'est-il réellement passé ? Reprenons du début.
Il se trouve que la jeune fille est depuis son anniversaire promise à un cousin au pays. Depuis, son père ne veut plus qu'elle côtoie d'hommes et la prépare à être épouse. Donc finie l'école, finies les amies, finies les sorties. Elle m'énumère les violences envers sa famille.
Elle me fait part de ses peurs. Elle me confie son mal-être et me demande à nouveau d'aller chez le frère de son amie qu'elle ne connaît pas mais qui serait prêt à l'accueillir pour affronter son père.
        - Hum, grosse histoire.

Je suis bien loin de Grey's anatomy et plus question de faire parler mes faux problèmes féminins pour fuir cette situation. Je ne vois qu'une issue raisonnable, faire appel à la police. Ce qu'elle refuse évidemment.
Je lui explique qu'elle est mineure, qu'elle a des droits et surtout qu'elle est en danger selon sa version de l'histoire, qu'au vu de ses dires, une protection est nécessaire le temps de démêler les événements.
Elle m'écoute mais reste sceptique.
Je lui demande une pause.

J'ai besoin de prendre du recul et de prendre conseil auprès de quelqu'un de qualifié.
Elle accepte.
 « Bois ton coca tranquillement, tu n'es pas en danger ici, on n'est pas pressé, souffle et je reviens, je suis devant le bar » - Je crois qu'à cet instant j'essayais surtout de me convaincre -.

*« Allo ?! je dois te parler… Assieds-toi, ne t'inquiète pas et ne me
coupe pas. Rien de grave, je vais bien, mais j'ai besoin de conseils. »*
– J'appelle une amie assistante sociale, elle saura m'aiguiller. –
Je l'entends se décomposer au téléphone. Sa respiration s'accé-
lère au fil de mon histoire. Mais ce coup de fil doit être bref et
rapide.

Un seul et unique conseil : *Emmène-la tout de
suite au poste de police le plus près, elle est mineure,
vous êtes en danger toutes les deux.* **Ok !**

Je crois que j'espérais un autre conseil, mais force est de constater qu'elle a raison.
Un dernier mot pour la rassurer et je m'en vais retrouver ma
petite jeune apeurée qui n'a finalement pas touché à son coca.
Je lui explique de nouveau l'intérêt de se rendre à la police, le dé-
roulement des procédures, les démarches à suivre. Elle écoute
attentivement et finit par être convaincue.

Je la sens toujours hésitante et pudique sur son histoire.
S'ensuit un grand discours sur le mensonge. Peu importe la
réelle version de l'histoire, elle se sent en danger, qu'il soit avéré
ou non il fallait agir en fonction. Elle est toujours à même de
revenir sur ses propos, rien ne lui sera reproché, elle ne doit par
contre pas s'enfermer dans un mensonge qui aurait des conséquences si on va au bout de la démarche judiciaire.
Bref, aucune version ne change, donc je tiens compte de sa vérité et direction le poste de police.

La grande aventure continue.

On arrive au poste.

Quasiment 18h00.

Petit commissariat de quartier. Vide.

Deux policiers à l'accueil, ils nous reçoivent.

*« Bonjour, je vous emmène cette jeune fille qui vient de fuguer
de chez elle, elle est mineure et je suis sa voisine chez qui elle
a atterri. »* – Ah OK, je vois, je vais appeler les chefs. –

Une grande dame arrive, la plus haut gradée paraît-il.
On traverse des tas de bureaux, vides.

Elle interroge la jeune fille qui lui explique que son père lui a confisqué son téléphone depuis plusieurs mois et qu'il ne la laisse plus sortir.
– Leçon de morale de madame police : *Tu es comme toutes les jeunes filles, tu as dû faire une bêtise et ton père t'a punie. On ne peut pas fuguer pour ça.* –
Aucune réaction de ma demoiselle, face à ce mutisme madame se retire faire des photocopies.

La gamine pleure.
Je réitère mon laïus sur le mensonge, lui expliquant que si la dame a raison ce n'est pas grave, on rentre tranquillement et basta. Par contre si tout ce qu'elle m'a raconté est vrai, il faut absolument qu'elle le dise.
La dame revient et la gamine déroule l'histoire.
Choquée et énervée, Madame nous demande d'attendre, elle va chercher la personne en charge des problématiques mettant en cause des mineurs.

Rebelote, la jeune fille raconte de nouveau son histoire.
S'ensuivent des questions à gogo et l'explication des procédures à suivre.
Je passe sur les remarques désobligeantes et complètement hors propos qui se sont immiscées durant ces entrevues. *- Notons là mon indignation et ma colère –*

La journée se termine, une brigade de police vient chercher la jeune fille.
Messieurs sont pressés, juste le temps d'un échange de regard entre elle et moi.
Quelques phrases de réconforts lancées au travers du vacarme et de l'agitation.
Je n'en saurai pas plus.
Remerciements et au revoir.
Je me retrouve devant le commissariat.
Seule et complètement abasourdie par cette journée aux mille rebondissements.
Je finis par rentrer chez moi.

Boule au ventre en arrivant dans le hall.
Que vais-je trouver devant chez moi, ou à l'intérieur ?
Quelle sera la suite de l'histoire ?
Aurai-je un jour des réponses ?
L'ironie me rattrape.

Je retrouve mon écran tv toujours sur pause, j'avais oublié d'éteindre.
Mon pilou jeté sur le lit.
Quelques indices que cette journée a bel et bien eu lieu.
Je relance ma série. Play, comme si tout ça n'avait finalement jamais existé.

Mais envolée ma quiétude.
Je suis à nouveau affalée sur mon canapé, la télé hurle, mais mon esprit est ailleurs.
Je vais et je viens dans l'appartement, impossible de rester en place.
J'appelle un tas de gens pour raconter mon histoire, tentative de retour au réel, espoir de réaliser que cette journée a existé.
J'écris tout sur papier, peur d'oublier. Plus malsain encore, tentative d'amonceler des preuves. Au cas où.
Je relis les quelques mots griffonnés sur ma serviette en papier au bar. Ces mots seront les seuls témoins de ma journée.

Quelques jours d'angoisse s'ensuivent, peur des représailles.
Puis la vie a repris son cours pour moi.
Pour elle... je n'en sais rien et n'en saurai jamais rien.

Je l'ai pourtant recroisée quelques semaines plus tard dans l'ascenseur, enfin, je crois que c'était elle.
Le temps avait joué de ses talents, il a rendu flou cet épisode traumatique de ma mémoire. Il a minimisé les faits, oublié les détails, réduit l'espace horaire, mais je l'ai contré avant avec mes mots. Tout reste intact, sauf son visage.

Elle était avec une autre jeune fille de son âge. Je n'ai pas osé lui parler devant son amie.

Elle ne m'a pas parlé de tout le trajet.

Les étages ont défilé, elle n'aura relevé la tête à aucun moment.

Nous sommes sorties au même étage.

Elle m'a esquissé un merci en sortant de l'ascenseur.
J'ai supposé que c'était pour ce jour.
Besoin de reconnaissance à la con. Comme si ce
merci m'assurait que cette journée avait bien eu
lieu. Comme si ce simple mot me garantissait
que cet épisode lui avait été bénéfique. Comme si
cette journée si marquante pour moi l'avait autant
impactée. Peut-être n'était-ce que de la courtoisie.
Peut-être n'était-ce même pas elle.

Après ce jour, j'ai déplacé mon canapé, le collant
à un mur sans fenêtre.

Mes rideaux sont restés fermés pendant trois mois.

* * *

SCOTCHÉ AU MUR

Cette histoire flirte avec la légalité et ouvrirait bien des polémiques si je donnais tous les détails.

Je tairai alors le processus d'obtention du papier faisant l'impasse sur de grandes aventures. Oubliées les longues marches pour retrouver sa famille d'origine, gommés les sous bassement issus d'une négociation à risque, omises les étapes incertaines qui nous ont fait voyager, effacée cette journée à la capitale qui nous a tant amusés, annulé le don de soi pour arriver à ses fins, débarrassés de l'attente interminable pour l'obtenir enfin.

Secret professionnel oblige, éthique et intérêt des jeunes, je vais déformer la vérité, je vais sabrer les détails et remanier le vrai. Je focalise ces mots sur des instants de rencontre forts, sur l'établissement d'une relation, sur du dépassement de soi, sur de la découverte de l'autre, sur la joie qu'a pu procurer une telle anecdote.

C'est l'histoire de Mister E. Ce même jeune homme de fin.
Il est ghanéen, orphelin.
Il a perdu ses deux parents, son frère et sa sœur à l'âge de 14 ans dans un accident de voiture dont il est le seul survivant. La vie au village n'était plus possible. Sans argent, sans espoir, sans futur, il a fui. Il rêvait de bling bling, d'argent, de femmes, de musique, de voitures. Il voulait aller en Amérique. Il a marché des mois entiers pour traverser l'Afrique. Il a mendié, volé, arnaqué, quémandé. Il a fumé, bu, s'est drogué. Il s'est endetté auprès des passeurs. Il a pris la mer avec ses autres morts devant lui.
Il a vu une terre, il se croyait en Amérique.
Il n'était qu'en France.
Depuis il rêve de tour Eiffel, d'avoir des papiers, d'avoir de l'argent.
Il rêve de pouvoir voyager et commencer sa vie.
Il a 17 ans. En France depuis trois mois. 18 ans dans deux mois. Problème.
Si dans deux mois il n'a pas réussi à avoir de passeport et de titre de séjour, il sera expulsé.
Le compte à rebours a commencé.

Et comme impossible ne fait pas parti de notre vocabulaire d'éduc', la mission a été un succès.
Il aura ses papiers la veille de son anniversaire.
Je reçois la confirmation de cette belle nouvelle et m'empresse d'aller lui en faire part.
Je toque à sa chambre, une voix me crie de rentrer et d'attendre quelques minutes, monsieur est sous la douche, il se sèche et arrive.
J'en profite alors pour faire le tour du propriétaire. Nickel rien à redire.
C'est qu'il est maniaque mon jeune gangsta.

J'ai le temps de m'attarder sur des détails. Et justement un m'interpelle.
Au mur un panneau de liège commun à toutes les chambres.
Chacun y épingle ses souvenirs, effets personnels. Il a pris possession de ce mur.
Plus un espace de libre.

Un frisson me glace le sang.
Ce ne sont pas ses amis, ni sa famille, ni lui, ni des dessins, ni des images qui sont collés à ce mur. Mais une collection de photos d'enfants arrachées dans les pages de la Redoute.
**Des petits blondinets aux dégaines bien assurées
partout épinglés.**

Je me retourne, vise un autre mur.
Une carte est accrochée. Une carte rouge, papier canson. Type carte de fête des mères que les enfants ramènent à la maison.
Écrite à la main, en anglais, il parle à sa famille. Il les rassure.
Leur dit qu'elle lui manque, ses émotions parlent.
"I'm fine, but I cry every day".

Un frisson me glace le sang, les larmes me montent aux yeux.
Pour accompagner cette lettre, une photo est présente, découpée en ovale, collée face à ces mots si lourds de sens. Non pas une photo de sa famille, ni de lui.
Non, toujours pas.
Un petit garçon blondinet, souriant, la Redoute.

Je continue mon tour, les jambes vacillantes, me demandant comment je n'avais pas vu ça avant. Je m'approche de son lit et comme tout ado, un cadre est posé sur sa table de nuit.
Cette fois-ci je m'y attends.
Et c'est avec le même effroi que je constate la photo de ce petit blondinet dans ce cadre posé là.
La Redoute est partout.
Lui, ce grand gaillard noir, seul, gangsta, entouré de
ces pitchouns blondinets, inconnus et fictivement
figés sur papier glacé.
Il sort de la douche.

J'appréhende.
Moi qui étais venue avec les plus belles nouvelles, je me retrouve les jambes chancelantes, émue, touchée et troublée. Il
faut que je lui en parle.
D'un air innocent, je lui montre ces photos au mur sans rien
dire.

"C'est mes enfants madame Ingrid." - Ah... Très bien.

Je n'insisterai pas plus ce jour-là.
Mais j'y reviendrai bien des fois les jours suivants sans trop en
faire non plus.

Après tout chacun sa manière de se reconstruire
et de trouver de la force pour avancer.

Maintenant que ces détails sont connus, sont vus et partagés,
le tout est d'y faire attention, de laisser la porte ouverte
aux confessions mais de laisser le temps au temps.

Je lui tends le papier tant attendu et son sourire se fige à jamais.

**Ça y'est, il va enfin pouvoir toucher du
doigt ce rêve d'ailleurs.**

* * *

P'TIT BOUT DE FEMME

Premier jour, j'arrive dans ce nouvel établissement, dans cette maison en plein boom.

Ça court dans tous les sens, ça crie, c'est l'heure du goûter, tout le monde se bat pour le Nutella, ça rigole fort, ça hurle à tout va. Moi au milieu de toute cette vie je ne sais que faire, qui regarder, à qui parler, où me mettre.

Un éduc m'accueille. Il me fait les présentations. Des tonnes de prénoms résonnent, je sais pertinemment que je ne les retiendrai pas tous, mais soit, jouons le jeu. Il pointe du doigt, intercepte, appelle, convoque, et invite chaque jeune à venir se présenter en personne au bureau.

Une, manque à l'appel.

Elle tente bien de se faufiler entre nos jambes mais c'était sans compter la prise de volée par la capuche pour la retenir et d'une boutade me la présenter.

Une petite nénette aux longs cheveux noirs, au visage dissimulé par de grosses lunettes de vue sur les yeux et une énorme tétine dans la bouche.

Ce genre de sucette qui te prend toute la bouche, qu'on donne à un tout petit pour qu'il arrête de pleurer, de crier, qu'il se taise.

Elle a une sucette, elle aime sa sucette.

La psychologue a d'ailleurs beaucoup de choses à dire sur cette sucette.

Cheveux noirs, longs, très longs. Jogging Lacoste. Basket TN. Sac bandoulière Longchamp. Petite nénette de 15 ans qui se la joue grande rebelle des cours de récré. Avec son accent bien franchouillard, elle ne dupe personne mais elle en a l'air.

Sa présentation fut rapide, furtive et fuyante. Elle ne me regarde pas, elle crie et veut passer son chemin.

Il me la dépeint comme la caïd du foyer au cœur d'or. De toute façon c'était écrit sur son visage et sa sucette à la bouche me le confirmait.

Il va se passer des choses avec elle, à ce moment-là j'en suis sûre.

Il m'explique qu'elle a déjà fait partir un éduc' en maladie et fait changer de groupe la stagiaire juste avant moi. Je n'ai qu'à bien me tenir, la tâche va être rude.

Dans un coin de ma tête, *même pas peur*, advienne que pourra.

Lendemain matin, je suis seule au bureau, ce fameux bureau déclencheur de tant d'événements. Manque de chance, elle m'a évitée jusqu'à maintenant mais là elle a vraiment besoin de sa carte de bus, que j'ai.

Elle s'assoit, prend des chemins détournés comme s'il fallait mettre les formes pour me la demander. Elle me cherche, me questionne, joue, teste, elle part finalement à l'école sans me la réclamer.

Je décide le soir de faire un tour des chambres pour me présenter individuellement. Rien de tel qu'une visite personnalisée où chacun pourra me montrer une part de lui comme il l'entend.
J'arrive à sa chambre.
Grande. Belle. Propre. Décorée. Personnalisée.
La vraie chambre de fille. Qui sent le déodorant mélangé au parfum. Qui est ornée de peluches en tout genre. Qui déborde de cahiers, livres, chaussures, fringues.
Coquette ma petite caïd.

Elle ne lâche pas sa sucette de la bouche.
Elle se prend au jeu, me fait visiter son petit coin de sérénité.
Me présente ses amies en photo, me parle de son quotidien, de sa scolarité, ses projets et ses rêves.
La relation est créée.

Elle me sollicite souvent désormais, me fait souvent des blagues et commence à se confier. Elle me demande de l'aider dans ses recherches de stage.
Grande timide, elle ne sait pas, elle ne peut pas parler au téléphone et encore moins aller à la rencontre d'entreprises.
Elle a toujours sa sucette à la bouche.

On met en place des ateliers rire. Du théâtre d'impro où il faut rire. Étrange concept. Tous les jeunes adhèrent et en redemandent. Elle arrivera à rire au bout de la 5ème séance. Et trouvera un stage cette même semaine.
Elle a grandi ma petite nénette.

Ce soir-là, elle rentre de l'école.
Elle passe au bureau pour nous saluer et remonte dans sa chambre.
Je questionne mes collègues - *Vous avez vu aussi ???*
Ils n'ont rien noté de particulier.
Je hurle son prénom.
Il me faut vérifier.

Elle redescend les quelques marches qu'elle a commencé à monter.
Tête baissée, bras ballants, hésitante, elle reste sur le pas de la porte.

Je m'approche.
D'un doigt je lui lève la tête.
Un échange timide de sourire.
Ses petites joues potelées rougissent.
On s'est comprise.

– « *Allez file, il est tard, va te coucher. À demain ma GRANDE. Tu peux être fière de toi.* »
Elle tourne les talons et d'un revers de cheveux
elle court dans sa chambre.

Ce n'est pas une affaire d'État.
Juste souligner le Vu.
Son enfance prend fin maintenant.

Elle n'a plus sa sucette.
Ma caïd des temps modernes devient jeune femme.

* * *

ATTRAPÉS PAR HASARD

C e jour où elle a appris comment on faisait un bébé. Elle a soixante-huit ans et quatre enfants.

Quatorze femmes dans la pièce, et moi.
Un thème, la contraception ; des outils ; des explications ; une intervenante, moi.
Toutes mamans d'au moins deux enfants ; une femme nulli-pare, moi.
Toutes mariées, veuves ou divorcées ; une femme célibataire, moi.
Toutes intéressées, intriguées, interloquées ; une troublée, moi.

J'avais pour ambition de leur parler de l'évolution des méthodes contraceptives.

L'idée était de déconstruire certaines croyances, de briser certains tabous, de donner accès à des connaissances, de renforcer certaines pratiques.

Je dû réadapter le programme et repartir des fondements de la conception.

La connaissance du corps humain était approximative ; les attributs féminins et masculins étaient très peu connus. Beaucoup de préconçus hérités des anciens, des coutumes, des traditions. Une méconnaissance entière de la prévention des risques, des dispositifs techniques et des utilisations pratiques. Ma mallette à outils renfermait toutes les méthodes de contraception qui existent, des schémas, des guides techniques, des reproductions.

Offusquées pendant les manipulations,
Intriguées par toutes les nouveautés,
Outrées par tous les détails évoqués,
Attentives à l'amas d'informations qui est déversé,
Interpellées par leur propre rapport aux
corps, à la femme, au couple,
Choquées par ce monde pourtant si commun pour elle.

Début de séance, lors d'un tour de table, elle prend la parole.
« Moi je les ai attrapés quatre fois ! Je savais pas qu'il existait des choses pour t'empêcher de les attraper. »
Je comprends qu'elle parle de ses quatre enfants qu'elle a attrapé comme on attrape une grippe.
Elle n'avait jamais fait le lien entre un rapport charnel et l'arrivée d'un bébé neuf mois après.
Elle ne savait pas.
Mariée à quatorze ans, avant c'était tabou, après c'était une affaire de couple, pendant c'était honteux. Alors elle n'a jamais su.

Ce jour, elle a découvert toute la magie du corps humain.

* * *

PENDANT CE TEMPS...

Séjour adapté.
Une directrice, quatre animateurs, quatorze vacanciers.
On parle de séjour adapté - sous-entendu - séjour touris-tique adapté aux personnes en situation de handicap - sous-entendu - encadré par du personnel qualifié - sous-entendu - des adultes compétents et bienveillants pour assurer sécurité et bonne humeur.

14h10
    Jeune fille, dix-neuf ans, porteuse de handicap psychique,
        en vacances sur un groupe de moyenne autonomie.
Fin de sieste.
Je rentre dans sa chambre pour la réveiller. Elle l'est déjà, un collègue animateur est avec elle. Elle met ses vêtements. Il me laisse prendre le relais pour l'aider à se préparer. Échanges rapides de quelques banalités pour mesurer son état de repos.
J'entends crier dans le couloir.
Je sors un instant pour vérifier si mon aide peut être utile.
Deux animateurs se disputent.

14h10
    Jeune fille, dix-neuf ans, porteuse de handicap psychique qui entraîne un retard mental, des difficultés avec les conventions
        sociales, un besoin de guidance dans les actes quotidiens.
Fin de sieste.
Je toque à la porte. Je rentre dans sa chambre pour la réveiller, l'inviter à se préparer pour débuter cette après-midi ensoleillée qui promet de jolis moments. J'ouvre la porte.
Elle est semi assise sur le lit, en culotte, en train de mettre son pantalon. Il, un des collègues animateurs, se lève du lit à mon arrivée, passe les doigts dans les languettes de sa ceinture, se remonte le pantalon, baisse la tête, murmure un « *Ah ben parfait tu es là, je vous laisse entre filles* ». Il passe devant moi et sort. Je m'avance vers le lit, lui propose mon aide pour s'habiller, faire son lit tout en lui demandant si son repos fut salvateur.
J'entends des cris dans le couloir.
Je sors.
L'animateur se fait menacer du poing par un autre collègue.

14h10
    Jeune fille, dix-neuf ans, porteuse de handicap psychique au caractère jovial, avenante, tactile, affectueuse. Elle a une bonne communication orale, cohérente dans ses propos, en demande
        constante de relation aux adultes encadrants. Elle est la plus
        jeune fille du groupe, c'est son premier séjour entre adultes.
Elle vit la semaine en centre spécialisé pour adultes handicapés

de bonne autonomie, et retourne en famille le weekend.

Fin de sieste.

Elle sait que, vu son état de fatigue, nous l'encourageons à dormir une heure pendant le temps calme. Je l'ai moi-même accompagnée se coucher vers 13h00. Je l'ai aidée à se mettre au lit préconisant une sieste t-shirt/culotte, son pyjama étant souillé de la nuit. On pose ses vêtements sur une chaise, lui souhaite un bon repos, la borde et prévient de mon retour une heure après.

A l'heure dite, après m'être annoncée, je rentre dans sa chambre pensant la trouver encore endormie. Je suis surprise, à mon arrivée, de constater qu'elle est bien réveillée, déjà assise sur son lit, cheveux ébouriffés, débraillée, pantalon aux chevilles à côté d'un collègue animateur qui d'un mouvement brusque se lève pour quitter la pièce.

Il prend soin de réajuster son pantalon et tout en baissant la tête, avec hâte, il me murmure les raisons de son départ et quitte la pièce.

Cet homme, nous ne le connaissons que depuis deux jours.
Il est plutôt discret, peu sûr de lui, sans prise d'initiative, blagueur floppeur, séducteur indélicat et grossier. Très tactile franchissant souvent les espaces vitaux. Il a un physique peu flatteur, une hygiène buccale déplorable, des vêtements dépareillés, une allure négligée.

L'ambiance est très étrange. Je laisse une chambre ordonnée, paisible avec une jeune fille fatiguée ; je retrouve du désordre, des affaires dispersées, des regards ambigus, une atmosphère pesante, une jeune fille éparpillée et un homme agité, fuyant.

Je m'avance vers elle pour lui apporter mon aide tout en engageant la conversation. Elle ne répond que brièvement. Je passe ma main dans ses cheveux, elle recule.

J'entends crier dans le couloir, devant sa chambre.

Une voix d'homme se distingue clairement « *Qu'est ce que tu fous, je vais te fracasser si c'est ce que je crois !* ».

Je sors.

L'animateur se fait menacer du poing par un autre collègue qui hurle à l'indignation. C'est la deuxième fois qu'il le voit sortir de cette chambre la main dans le jeans, se remontant la braguette.

Je comprends qu'il parle d'accusations
d'attouchements ou plus.
Je le renvoie vers la directrice, m'en vais rejoindre la jeune fille
qui est seule derrière la porte à entendre les cris.
Elle semble apeurée, ses joues sont rouges, ses gestes trem-
blants, ses yeux brillants. Je lui demande subtilement si ça fait
longtemps qu'elle est réveillée. Cette question déclenche des
confidences.
-        *« C'est lui qui m'a réveillé en s'allongeant sur moi. Je
n'arrivais plus à respirer, il avait son gros ventre sur moi »*
Son ton est grave et saccadé
-        *« Il a mis sa main ici »*
Elle montre sa poitrine
-        *« Il respirait très fort contre moi »*
Elle s'allonge, dans la supposée position de monsieur, mime
avec son bassin des vas et viens
-        *« Il a dégrafé son pantalon et m'a touché la culotte »*
Ses joues rougissent de plus belle, elle ricane, s'agite.
Puis j'ai toqué à la porte.

En même temps qu'elle m'explique, sans interruption de ma
part, elle mime toute la scène. Ses mots sont précis, ses gestes
cohérents avec ses propos, ses mouvements francs, la chrono-
logie respectée.

Après avoir posé des mots sur ses dires, je la préviens que je dois
en informer la directrice. Elle reste dans sa chambre tranquillement en attendant qu'on revienne vers elle.
Après avoir entendu les versions de tous, la directrice écarte
l'animateur dans sa chambre le temps d'aviser ; rassure la jeune
fille et lui explique les démarches à venir ; apaise l'animateur
alarmé.

La directrice prend contact avec les parents de la jeune fille.
Ils ne sont pas étonnés, ni alertés, ni catastrophés.
Ils lui font part de deux faits similaires qui se sont déroulés
dans le centre où vit la jeune fille. Deux éducateurs ont été li-
cenciés pour suspicion d'attouchement et de viol.
Les parents semblent désabusés par cette situation qui se ré-

itère pour la troisième fois.
Ils ne se déplaceront pas pour venir chercher leur fille.
Ils ne demanderont pas à lui parler.
Ils ne rappelleront plus de tout le séjour.

Les mêmes similitudes
Les mêmes soupçons
Le même aplomb
Les mêmes réactions
Les mêmes descriptions
La parole d'une jeune fille de dix-neuf ans handicapée
contre celle d'un homme.
De trois hommes.

A ces accusations, monsieur répond par les émotions.
Il est troublé par de telles dénonciations. Il pleure, il bégaye, il est pris de malaise dû au choc émotionnel. Il nous parle de ses dix ans d'expérience dans le secteur de l'animation et du handicap. Il explique que dû à son poids son pantalon tombe lorsqu'il s'assoit, que sa braguette s'ouvre à cause de la pression avec son ventre. Il insiste sur son côté altruiste en ayant voulu aider et avancer l'organisation en prenant en charge les réveils. Il dément formellement.

L'affaire se règlera au commissariat.
Les différents protagonistes seront entendus toute l'après-midi.
Nous n'aurons des nouvelles d'eux que vers 20h30.

Pendant ce temps.

Nous restons deux animatrices avec treize autres vacanciers au sein du gîte.
Au vu du peu d'encadrement nous ne pouvons pas sortir. L'ambiance est très agitée, l'organisation est compliquée. La gestion du quotidien prend, cette après-midi-là, le pas sur les activités. Les douches, les changes, les médicaments, la cuisine, le repas, tout s'enchaîne dans un rythme effréné. Nous sommes avec ma collègue débordées par la situation, sollicitées de toute part, dans l'incertitude, dans l'attente, nous sommes englouties par

135

le temps et encore abasourdies par de tels évènements.

Et pourtant, nous ne sommes pas au bout de nos peines.

Le repas se fait étonnement dans le calme. Une fond sonore rythmé par les couverts sur les assiettes, les exclamations des uns et des autres sur leur repas, des bruits de mastication, des raclements de gorges, des éternuements, des onomatopées. Mais pas un mot. Pas de conversation. Pas de rire.

Après une belle journée ensoleillée, le tonnerre gronde ce soir. Les éclairs fusent, l'orage arrive.
Une agitation se fait sentir dans la pièce, les angoissent jaillissent, les mouvements corporels se calquent aux bruits assourdissant du tonnerre, des cris se distinguent à chaque retentissement, les yeux s'agitent, les bras s'affolent à chaque flash lumineux.

Mon téléphone sonne, la directrice.
« *Les filles, l'animateur est parti du commissariat en furie après avoir été entendu. Il a interdiction de rentrer sur le gîte, fermez tout à clé, couchez les vacanciers immédiatement et attendez-nous, une personne doit encore être entendue et on prend la route.* »

Il fait déjà nuit noire.
Les nuages cachent la moindre lueur de lune, aucune
étoile n'est visible, seuls les éclairs illuminent comme en
plein jour, de brefs instants, le jardin et la terrasse.

Nous faisons un couché express. Les vacanciers ne comprennent pas cette heure inhabituelle et cette précipitation. La météo suffit à les convaincre de se réfugier dans leur chambre. Sauf un qui veut absolument rester devant la télévision. Il restera dans son fauteuil tout du long, sans un bruit, sans un geste. Nous lui coupons le son, il est hypnotisé.

Nous nous retrouvons à deux, seules au milieu du salon.
La pression est palpable. Nous sommes dans l'expectative.
Le tonnerre s'est installé au-dessus du village, les éclairs sont fréquents, éblouissants, spectaculaires.

Nous devons fermer les portes, mais ne trouvons aucune clé.
Nous nous rendons compte que le gîte est grand, très grand.
Nous comptons pas moins que six ouvertures sur l'extérieur.
Nous tentons de joindre notre directrice mais le temps a eu raison du réseau téléphonique.
Nous sommes hors circuit.
La maison est d'ordinaire baignée de lumière par la multitude de baie vitrée qui ornent le rez-de-chaussée. Ni rideaux, ni volets, l'échange extérieur/intérieur est constant, mais ce soir nous aimerions couper, fermer, isoler, sécuriser les lieux.

Démunies face à la situation, nous cherchons un endroit stratégique pour monter la garde.
Ni trop voyant de l'extérieur,
Ni trop isolé de notre vue.
Un endroit qui nous permet d'anticiper tout éventuel mouvement.
Un poste non loin des escaliers pour avoir toujours une oreille tournée vers les vacanciers congédiés dans leur chambre.

Nous avons les yeux rivés vers l'extérieur.
Les éclairs furtifs mais puissants font apparaître des ombres.
Sueurs froides.

Tonnerre au-dessus de notre maison, les vitres
tremblent, l'électricité grésille, la lumière de
l'éclair accompagne le bruit du ciel.

Nos regards se croisent.
On ne rit plus.
On se fige.
Nous avons vu la même chose.
Une silhouette dans le jardin à côté d'un arbre.

Un instant plus tard, nouvel éclair.
Nos mains se soudent.
Nous voyons de nouveau la même chose.
Une silhouette dans la cour, devant la maison.

Cette immense pièce sombre est angoissante.
Nous redoutons le prochain flash lumineux.

Des lumières jaunes dessinent l'ombre des arbres.
Des portes claquent.
Des voix se font entendre.
Notre équipe est de retour.

Soulagées, nous explosons de rire.
Nous les accueillons en nous empressant de fermer les portes à
clés.
Nous leur racontons nos péripéties.
Notre collègue ressort faire le tour du gîte pour vérifier que tout
va bien.
Lors de sa ronde il a lui aussi vu une silhouette se dessiner à la
lueur d'un éclair.

Nous débriefons.
L'animateur est renvoyé, il récupèrera ses
affaire le lendemain et partira.
La jeune fille regagne sa chambre, se blottit
dans son lit et tombe de fatigue.
Nous partons nous coucher, nous passons devant
la télévision, il est toujours là.
Prise dans nos tourments nous l'avions oublié.

POSTFACE

La fin du début.

* * *

MIROIR EN PARENTHÈSE

J'ouvre une parenthèse pour déposer là ce vire-vire émotionnel qui me traverse et qui, je le sais, peut être présent chez tous mes confrères un jour ou l'autre.

Parfois j'ai le blues,
Parfois j'ai le spleen,
Parfois je suis usée…

Educ' depuis plusieurs années dans cette ville.
Ma ville natale, ma ville de cœur, ma ville d'attache, je suis aujourd'hui fatiguée.

J'ai connu des gosses déchirés par la vie,

Des familles fracassées par le système,
Des institutions croulant sous la politique,
Des équipes à bout de souffle,
Des chefs impuissants.
J'ai connu notre réalité du quotidien.

Aujourd'hui, je me la prends en pleine tête,
Ça y est, elle m'a atteint.
Jusqu'à maintenant j'essayais de la comprendre,
Je lui trouvais des excuses,
Je me battais pour la défendre,
Je l'analysais pour l'améliorer,
Je m'y pliais par dévouement,
Je l'acceptais par vocation…
Cette réalité m'a épuisé.

Mon innocence,
Comme j'aime l'appeler quand d'autres en parlent comme naï-
veté,
Continuellement à s'éloigner, sans que je puisse la rattraper.

Je n'envisageais pas me battre contre elle,
Mon énergie était pour eux,
Elle me prend tout, même mes ailes,

Je ne pensais pas pleurer pour elle,
Mes émotions étaient pour eux,
Elle emporte tout, même mes rêves.

Mais ils persistent, ils veulent éclore,
Convaincu qu'ils sont réponses,
Pour une vie indolore.

Je l'avoue, je le reconnais, aujourd'hui je pense arrêter.

Parfois je rêve.
Je rêve de tant de choses.
Mais.

Je suis éduc' de foyer,
Je suis éduc' du handicap,
Je suis éduc' des quartiers,
Je suis éduc' fatiguée,
Je suis éduc' de 30 ans.
Je lutte contre l'envol de cette éduc' de 20 ans que j'étais.
Et.

Je m'accroche à elle pour résister,
Je suis avec eux pour continuer.
S'éloigner un temps je me l'autorise,
Pour mieux revenir telle est ma devise.

Aujourd'hui j'y suis encore,
Éduc' un jour, éduc' toujours.
Avec entrain j'y crois toujours,
Je continue et plus encore.

* * *

J'ouvre une autre parenthèse pour déposer là
ce premier texte qui a inspiré ce livre.

Souvent je m'en souviens,
Souvent je m'y réfère,
Souvent je pense à eux…

Mon histoire avec ce livre commence par ce texte.
Il est le premier et pourtant placé là, en dernier.

Il a pris forme une nuit à la lueur de la lune glissant spontané-
ment sous la mine du crayon. Nuit de mélancolie où cette éducatrice que je suis se questionnait sur sa quête.
Dix ans me séparent de ce texte composé une veille d'examen
où être éduc' me paraissait inaccessible, où être éduc' je le rê-
vais, où être éduc' ne m'était qu'évidence.
Pérégrination nocturne qui au petit matin a pris enfin vie.

Cette quête de l'autre s'exprime en ce livre racontant au monde
ces instants suspendus.

Catharsis libérée,
La professionnelle que j'étais,
A immortalisé à jamais,
Ces belles tranches de destinées.

Je vous livre en ces lignes mes premiers mots lancés sans retouches, ni romance.

—

Il sait qui je suis, je sais pourquoi je suis ici. Il m'a repéré m'a-t-
on dit.
Mais lui, sait il vraiment pourquoi il est là, pourquoi il est parti
et pourquoi il voit tous ces gens qui semblent se soucier de lui ?

Venu d'on ne sait où, d'on ne sait pourquoi, d'on ne sait comment, on doit leur apprendre à ces minots, on doit leur réap-
prendre à vivre.

Déconstruire pour reconstruire.

Composer avec un passé qui n'est pas le nôtre, dont on ignore tout, dont on imagine ce que l'on veut bien nous laisser voir.

Phrases lâchées, regards croisés, chemins brisés.

Douloureuses blessures à refermer, avenir incertain à atteindre.

Tout commence quand tout s'est arrêté.

Qui sont ces mômes aux regards plein d'espoir,
aux yeux plein de vie ?

Ils courent vers cette pseudo liberté promise par ces adultes trop souvent déroutants.

Confrontés à leurs désillusions, seuls et sans buts atteignables, ils doivent feindre d'avancer.

On doit rentrer dans leurs jeux pour les mener vers un avenir plus, plus de quoi on ne sait pas, mais plus c'est mieux que leur avant, on en est sûr.

Ils jouent, acceptent nos plus, ils sont là alors pourquoi pas.

On essaye de se comprendre mutuellement, on passe sûrement à côté de la rencontre, englouti dans un quotidien trop bien ficelé.

Fataliste à la première heure, optimiste à leur dernière heure.

Creuser dans les détails, aiguiser son regard aux doux gestes de la vie, voir ce que les autres ne voient pas, se battre pour les mettre en lumière et les faire reconnaître, spéculer sur les pourquoi du comment, remettre l'autre à sa place d'humain et non plus de gosse assisté, reste notre mission.

Il est mineur, il est étranger. Il est ghanéen, grand, noir, beau, poli. Il s'appelle Mister E. Il a peur. Il a mal. Il est seul. Il ne comprend pas le français, il a envie, il y croit. Encore.

Il boit. Du whisky.
Il aime les jolies filles aussi.
Il a des enfants aux murs.
Il rêve d'Amérique.
Il pleure tous les jours.
Il envoie des sos.
        Bien reçus.

REMERCIEMENTS

A vous, ces autres de mon livre